芽が出るところまで

〜高体連ボクシング委員長と少年たちの物語〜

鈴木　昌樹

2000(平成 12) 年 8 月、高校総体 (インターハイ)会場 (岐阜県多治見市)で、観戦に訪れた
1964 年東京五輪金メダリスト・桜井孝雄(中央) と競技委員長を務めた糸川 (右端)
桜井の右隣が東京農大ボクシング部監督・宇士元二、左隣が桜井の長男・大佑 (当時中 3)
(写真提供・オフィスタカオ・高尾啓介氏)

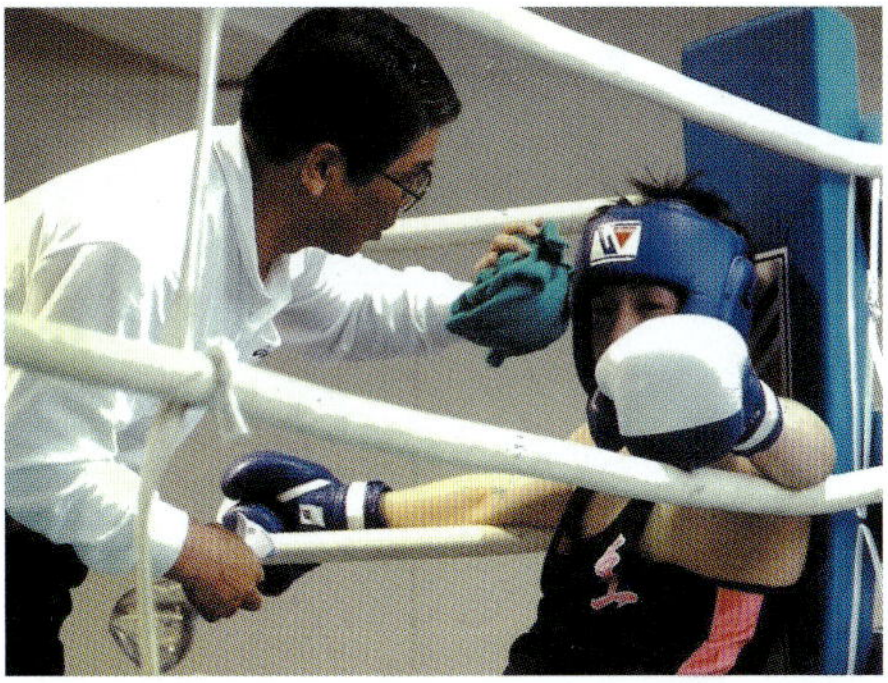

セコンドを務める糸川 (1996〈平成 8〉年)

2001 (平成 13) 年 8 月の高校総体 (熊本県松島町) 会場で、
全国高体連ボクシング専門部委員長を務める糸川 (右端)
(写真提供・オフィスタカオ・高尾啓介氏)

退職後、多治見市内に開いたイトカワジム

ジムの内部。右に吊り下げているサンドバッグは
1964年東京五輪公式練習場で使用されていたもの

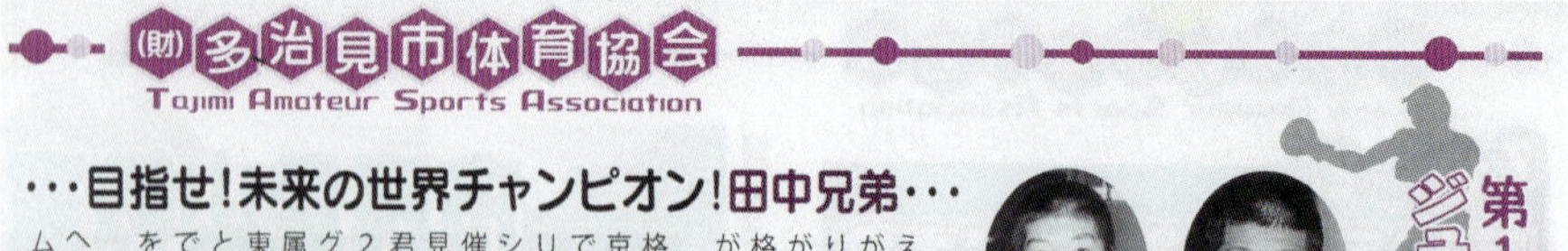

(財)多治見市体育協会
Tajimi Amateur Sports Association

第1回全国U-15ジュニアボクシング大会

・・・目指せ！未来の世界チャンピオン！田中兄弟・・・

ボクシングといえば、女子のプロ化がスタートし、盛り上がっていますが、キッズの方も本格的に各地で大会が行われています。

8月24日には、格闘技のメッカ、東京の後楽園ホールで、「第1回全国U-15ジュニアボクシング大会」が開催されます。多治見からも田中亮明君と恒成君の兄弟2人（共にボクシングジムイトカワ所属）が出場します。東海予選では2人とも圧倒的な強さで全国大会出場権を手にしました。

8月の全国大会へ向けて、毎日のジムワークに加え、休日にはサーキットトレーニングを意欲的に行うなど、熱の入った調整を続けています。兄の亮明君は、「後楽園ホールという素晴らしい舞台での試合なので、それに恥じない試合をしたい。当日までにしっかり調整して優勝を狙います」と力強いコメント。弟の恒成君は、「悔いの残らない良い試合をしたい。兄弟揃っての出場だけど、自分は自分で力を出し切りたい」と大会へ向けての抱負を語ってくれました。

（アマチュアボクシング連盟 高橋潤）

田中 恒成君
南ヶ丘中
1年生
35〜37.5kg級

田中 亮明君
南ヶ丘中
3年生
42.5〜45kg級

［一生懸命、練習に取り組む亮明君］

ぼく第67回国体マスコットのミナモです！
ミナモ

2012 ぎふ清流国体
輝け はばたけ だれもが主役

Q. なぜ、多治見なの？

A. 東濃地区空手道連盟は、22年前から会派を越えて東濃大会を継続実施しており、少年強化練習を行うなどの、とても活発な活動が認められて、平成24年の岐阜清流国体の空手道競技を地元多治見市で開催することが決定しました。

Q. 空手を頑張っていれば国体にでられるの？

A. 空手と言ってもいろいろな空手道場がありますが、全日本空手道連盟の所属道場でスポーツ空手をやっていれば可能性はあります。

2008（平成20）年6月、多治見市の広報に紹介された田中兄弟
兄・亮明（中3）と弟・恒成（中1）

目次

第九章　全国高体連ボクシング専門部役員として　125

第十章　安全管理と教育現場の闘い　146

第十一章　多治見でのインターハイ　166

第十二章　子供がボクシングをやるということ　181

第十三章　競技の普及のため　189

第十四章　桜井孝雄　210

最終章　これから　216

あとがきに替えて　225

序章

「そうそう、恒成君、コーセイ君！恒成君が頑張って世界チャンピオンになってくれたから、記事の端っこに先生の名前が載ってね！　ああ、先生、よかったなぁって…」

　岐阜県多治見市でデイサービスを経営する後藤たず子が言った。その新聞記事とは次のようなものだ。

「田中選手が小中学生の頃、兄の亮明（りょうめい）さんと共に通った多治見市のボクシングジムの糸川保二郎会長（72）は『前半は苦戦を強いられてはらはらした。会場が一体となった声援が届いたのでは』」

（『岐阜新聞』２０１６年１月１日付朝刊、田中恒成　世界初防衛戦の記事）

「恒成君」とはプロボクシング界の若きスター・田中恒成のこと。岐阜県瑞浪市の中京高校（現・中京学院大学附属中京高校）在学中に４つの全国大会で優勝。そして２０１５（平成27）年５月、高校卒業後からわずか１年３ヵ月でプロボクシングの世界タイトルを獲得した。高校総体すなわちインターハイ（および前身の大会含む）史上、のべ６７５人目かつ岐阜県では初の優勝者。日本プロボクシング史上77人目かつ初の現役大学生の世界王者。また「兄の亮明さん」はアマチュアボクシングの全日本選手権で優勝し、同年12月にはリオデジャネイロ五輪プレ大会で金メダルを獲得した。

　そして〝先生〟こと糸川保二郎（いとかわ・やすじろう）は、以前、新聞記事に次のように紹介されたことがある。

「多治見市に移り住んでから多治見北高、多治見工業高で教鞭を執り、ボクシング部顧問として高校生

ボクサーを養成。定年を機に『ぎふ清流国体』に向けた選手強化を目的にジムを開いた」（岐阜新聞　2012年9月9日付朝刊）

糸川は保健体育の元高校教師。後藤は、糸川が新任として勤務した多治見北高校定時制でクラス担任を受け持った生徒の一人。しかし、恒成は教員を定年退職した後に接した子供であり、「先生と生徒」とは言い難い。スポーツの指導者としても〝恩師〟ではなく、ボクシングを学ぶ〝環境を作った人〟。野球で例えるなら、高校野球の指導者ではなく、少年野球の老監督という方が適切だ。また恒成が出場した数々の大会をプロデュースしたのではなく、運営に〝協力した〟という立場。

後藤と同じく多治見北高定時制OB・小池静波が言う。

「還暦を超えてから毎年のように集まってるよ。先生のジムで同窓会をやったこともあるよ」

21歳で高校に入学した小池は、授業の休憩時間に職員室で煙草を吸い、放課後は学生服姿のまま、糸川ら歳の近い教師と飲み屋に出向いた。

「まあ、あの頃はな、糸川さんがボクシングのあんな偉い先生になるとは夢にも思っとらんかったわな」

糸川には教員生活の最後の3年間に『全国高校体育連盟ボクシング専門部　第8代委員長』という肩書が付き、定年後に『日本ボクシング連盟　常務理事』に名を連ね、そして後期高齢者になる直前に岐阜県から『スポーツ分野功労者』として表彰を受けた。

一見鋭く感じる視線ながらも、温厚さを併せ持つ、不思議で人を惹きつける表情。

以前、糸川の教師に対する持論が地元の新聞記事に紹介されたことがある。

「種をまいて育ててきた。後は、外から見守ってい

る」（岐阜新聞　２０１２年10月６日付朝刊）

これに糸川本人が付け加える。

「芽が出るところまで、やな、正確には」

これは大学の教職課程の講義で学んだと記憶しているもので、教師という職業の哲学であり、理念であり、本質だと認識している。

「教師が育てるのは芽が出るところまで。成長し、大きな花を咲かせるのは外から見守るだけ。見返りも求めない」

糸川が体育教師を志すきっかけとなったのは、中央大学の２年生だった１９６５（昭和40）年10月のことだった。初めて出場したアマチュアボクシング全日本選手権で優勝を飾った直後、ボクシング部の監督・田中宗夫に唐突に言われた。

「糸川、お前、体育の教師にならんか？」

「えっ、私は文学部ですが…」

「おお、中大は体育学部が無いが、体育の教員免許が取れるんだぞ」

確かに中央大学には１９５４（昭和29）年度から１９７３（昭和48）年度まで体育教員免許を取得する教職課程があり、文科系学部に所属する学生は履修が可能だった。

糸川は社会科の教職課程を履修していた。ただこれは、入学直後にボクシング部の上級生から「資格を取っておいた方がいい」と勧められたもので、特に教職を希望していた訳ではない。糸川は田中への回答を保留した。

その数日後の夜。糸川は神奈川県藤沢市にある、３歳上の実兄・照雄の下宿へ〝日本一〟の報告に出向いた。この前年の東京五輪に陸上競技・砲丸投げで出場した照雄は弟の優勝を大いに喜び、祝いの酒を飲み交わした。

兄弟水入らずで旨い酒が進み、程よく酔いが回ってくつろいでいると、テレビ画面からドラマのワンシーンが糸川の目に飛び込んできた。

俳優の川津祐介が演じる体育教師が運動場で笛を短く吹くと、たちまち生徒たちが集まってきて整列する。

「あっ、体育教師、いいかも！」

翌日、糸川は田中宗夫に回答した。

「監督、体育教師を目指したいと思います」

「おお、そうか！　では今すぐ講師のところへ行って頼んで来い！　お前は二年生だから、単位を取るにはギリギリだぞ！」

ところで、なぜ、田中宗夫は糸川に体育教師を勧めたのか？

田中は特に理由を語らず、また糸川も特に説明を求めなかった。田中が鬼籍に入った今日ではその真意を確かめることはできない。しかし当時の記録を辿ると、五輪代表チームの監督でもあった田中の二つのコメントにそのヒントが窺える。

一つは、日本体育協会が刊行した『第18回オリンピック東京大会公式報告書』で田中が掲げた、ボクシング競技の将来への強化策。

「**競技人口の底辺をできるだけ広げること**（**高校生に重点を置く**）」

そしてもう一つは、田中が糸川に声を掛けた半年前のコメント。中大の教え子で東京五輪金メダリスト・桜井孝雄がプロボクサーに転向するとして騒動が起こり、田中は新聞記者の質問にこう答えている。

「（桜井は）**とりあえず学校**（中大）**の事務をやり、働きながら教職課程をとって、将来は学校の体育指導に当たる計画だった**」（昭和40年3月7日付 日刊スポーツ紙）

本作は、岐阜県の南東部、伝統工芸『美濃焼』を主とする日本最大の陶磁器産業の街・〝東濃〟地方で高校の体育教師として過ごし、少年たちがボクシングに挑むことに向き合い続けた老教師、糸川保二郎の半生記である。

本作のきっかけは、２０１５（平成27）年の大晦日、多治見市出身のプロボクシング元世界ランカー・安部悟が、田中恒成の世界戦の会場で著者に発した言葉だった。

「恒成のドキュメンタリー、観ました？あれに糸川先生が全く出てこなかったのは、もったいないですね」

このドキュメンタリー番組とは、世界戦を中継するテレビ局が制作した、若き世界王者の恒成とトレーナーを務める父・斉（ひとし）の親子の物語を描いたもの。糸川が登場しなかったことは、著者には違和感がない内容だったが、現在、愛知県春日井市でボクシングジムを主宰する安部には不満だったようだ。

「そりゃテレビ的にはインパクトが弱いでしょうけど…でも、糸川先生の功績があってこそだと思うんですけどね」

安部も著者も実家が糸川の近所だった。著者はこれを聞いて、はたと思った。

翻ってみれば糸川が歩んできた教師という職業も、ボクシングジムの会長という立場も、連盟の役員という運営に携わる役割も、人に様々な影響を与えながら、それを評価しにくいものではないか。そして評価が難しいのなら、せめてやってきたことを記録に残しておくべきではないか。

田中恒成が勝利を収めた数日後、著者は新年の挨拶を兼ねて、糸川に尋ねてみた。

そもそも、糸川本人は何か記録を残しているのだろうか？

すると、糸川は笑顔で言った。

「おっ、アンタ、やってくれるんか！前に自叙伝を書きませんか、って言われたことがあったんやけど、俺はよう書かなんだもんで！」


本作は、糸川保二郎の回想を中心に構成を試みた。もちろん、糸川本人の記憶が曖昧になっている点は多々ある。また、糸川の回想を裏付ける資料等は決して多いとは言えない。

ただし、糸川が語っておきたいこと、伝えたいことを、関わりのある方々の証言を交えながら、可能な限り忠実に拾い上げてみようと試みた。

（文中敬称略）

昭和５年に建てられた多治見修道院は木造地上３階、地下１階のバロック建築。敷地内にはブドウ畑や研修センターなどがある。多治見北高はこの西隣

第一章 定年後の夢

一、アマチュアジム開設

「俺の夢は、日本中のどんな小さぁ町にもボクシングジムが一つはあって、誰でもボクシングを始めることができる環境を作ることやな」

２００４（平成16）年正月、糸川保二郎は、岐阜県立多治見北高校ボクシング部ＯＢ会の新年会の席で語った。３月に岐阜県の高校の体育教師を定年退職した後、多治見市内にボクシングジムを開くのだという。

酒の入った教え子たちから歓声が起こる中、ＯＢとして参加していた長男・優（ゆう）がマイクを握り、笑って言った。

「親父には寂しい老後を送らせたくないものですから。どうぞご近所の方々、お付き合い下さい」

きっかけは２００１（平成13）年３月、岐阜県教員の研修会だった。定年を３年後に控えた教員を対象に退職後の生活を考えるよう啓発する狙いだ。

自身の定年後について、糸川は具体的に考えていなかった。無理もない。この前年に地元・多治見市で行なわれたインターハイ（高校総体）ボクシング競技の競技委員長という大役を終えたばかり。またこの４月から全国高校体育連盟すなわち「高体連」の「ボクシング専門部」の〝委員長〟に就くことが決まっていた。

研修を終え、糸川は自身の教員生活を振り返ってみた。

「本当に俺はボクシングばっかりやっとったんやなぁ…」

１９６８（昭和43）年から36年間、糸川の教員生活は多治見市内の３つの県立高校で全うされた。

「多北」と称される多治見北高校の定時制に8年、次いで同校全日制で4年、そして「多北」からわずか1.5キロ離れた「多工」こと多治見工業高校で24年。赴任先が極めて限定的だったのは、そこにボクシング部があったから。平日の放課後はもちろん、週末もボクシング部の活動に費やした。毎年のように異なる地で開催される全ての全国大会へ足を運んだ。そのため、教員生活の中で全ての都道府県に足を踏み入れたことになる。

　退職して時間に余裕ができたら、全く新しいことをしてみるのもええなぁ。でも、やっぱり、俺からボクシングを奪っちゃったら、何も残らんなぁ。

　思いを巡らす糸川に、ボクシング部の教え子達や関係者が声を掛けてきた。

「先生、僕らの遊び場を作ってくださいよ」

「次は10年以内に岐阜で国体がありますよ。まだまだ先生の出番ですよ！」

そうか、国体があるんやった。では選手強化が必要やな。それには子供たちが高校に入る前から練習できる環境が無ぁといかん。そしてこの多治見市を含む東濃地方にはボクシングジムがひとつも無ぁな。

そうや、ボクシングジムを開こう。

　そう心に決めると、色々なアイディアが頭に浮かび、思いを巡らせることが楽しくなってきた。

ボクシングジムをやって、金儲けしてみよう。

映画で観た社交ダンス教室のように、電車から明かりが見えるビルがええなぁ。

ジムと同じビル焼肉屋と学習塾があれば、人が集まりやすうなぁ。

　糸川は経験が豊富だ。

教師時代に直接的または間接的に携わった3校のボクシング部員は５００人を超え、その教え子たちがリングに上がった試合数は合計２０００試合を超える。そのうち、のべ２５２人が全国大会のリングに立ち、通算成績は１２６勝２５０敗。また、この他にも高体連のボクシング専門部に関わる計12の役職を歴任し、全国各地での試合に役員として立ち会ってきた。

ただ、糸川が携わってきたボクシングとは、文部科学省が定義するところの「学校体育」にあたる。指導経験は豊富でも「社会体育」であるボクシングジムの知識が乏しい。またプロ、アマの対立が激しい中、高体連の要職にいる身で特定のプロボクシングジムと接することは、何かと問題が生じてしまう。

そこで糸川は母校・中央大学の先輩で１９６４(昭和39）年の東京五輪金メダリスト・桜井孝雄を訪ねた。桜井は五輪後にプロボクサーとして活躍、引退後は喫茶店経営や不動産業の会社員生活を経て１９９６（平成８）年に東京・築地でボクシングジムを開設していた。

「ボクシングジム？　まず、儲からんよ」

桜井は開口一番、冷静に言い放った。

「えっ、そうなんですか？」

「そうだよ。俺だって金がなかったから、今までジムを持てなかったんだ」

桜井がジムを開くきっかけとなったのは、健康食品会社を経営する、中大ボクシング部の先輩からの提案だった。

「俺は先輩の会社のサラリーマン。肩書は業務開発室長。事業の一環だよ」

糸川は食い下がった。

「でも先輩、こんなに会員さんが集まってくるのは、やっぱり先輩の名前が大きいんではないですか？　何せ金メダルなんですから」

「糸川よ、どうしてここに人が集まると思う？ それは、この周辺で運動する場所がないからだ」

桜井のジムは東京・築地のオフィス街にある。先輩の会社の自社ビルの一階を改装した広く清潔な環境。ロッカールームやシャワールーム、女性会員用の化粧台も備えている。

「…先輩のところはプロ選手もいますし…」

「選手を育てようとするから儲からない。経営の面でいえば、健康目的の会員さんが一番ありがたい」

糸川は認識の甘さを痛感した。ただ、桜井は親身になって事細かにアドバイスをくれた。

「そもそも多治見の人口はどれくらいなんだ？」

「11万人…東濃地方の周辺を含めれば14万くらいですかね」

「そのうちボクシングをやろうとするのは何人くらいだ？」

「…30人くらい、ですか…」

「じゃ、それでできる家賃の物件を探せ。人の集まる場所を選ぶんだぞ」

「人が集まる場所、ですか…」

「そうだよ。大切なのは利便性。多治見の人は電車で移動するのか？　そうじゃなきゃ、駅の近くに拘ることはないぞ！」

桜井の助言を受け、糸川は物件探しに奔走した。

「電車から見えるビル」でも「焼肉屋」でもない。週末の空いた時間に不動産業者を回り、現場に足を運んで自分の目で確かめた。

そして2年が過ぎたところで、ようやく桜井の助言に近い物件が現れた。多治見市陸上競技連盟の理事長・伴野茂の親族が営む、枕の製造工場。鉄骨造りの工場というより作業所に近いものだが、近々閉鎖するという。大型スーパーの向かい側にあり、糸川の自宅から車で10分程度の距離。そして家賃も魅力的な条件。

糸川は多工ボクシング部ＯＢや関係者を伴い現地に出向いてみたが、そこで糸川は躊躇した。建物の敷地約75平方メートルだが横幅は5メートル弱。最低でも5.5メートル四方とルールで定められている試合用リングが収まらない。しかし同行した関係者は明るい声で言った。

「練習場としては十分の広さですよ！床はジョイント式のマットを敷けばいいです！」

「でもな、シャワーが無ぁけど大丈夫か…」

「いらんですよ。家に帰って浴びりゃいいです！」

「トイレが無ぁけど…」

「向かいのスーパーで買い物したらいいんですよ」

この言葉に後押しされ、糸川は断を下した。早々に安く借り受け、改装に着手した。4メートル四方の小さめのリングを設け、筋力トレーニング用の器具6台を購入。退職記念として贈られたサンドバッグ2本を吊るし、グローブなど多工の使い古しの道具を譲り受けた。更衣室の増築を含め、設備投資は300万円を超えた。

そうして退職から3ヵ月後の6月、待望のジム開きを迎えた。セレモニーには東京から桜井を招き、祝いのスピーチをお願いした。糸川はその御礼に『美濃焼』の高級茶碗を贈った。

またセレモニーに合わせ、ジムの入り口にイラストと看板を掲げた。近所のフリーターが作成したベニヤ板のイラストは、試合用のランニングシャツを着てヘッドギアを着用した少年ボクサーをコミカルに描いたもの。

そしてジムの屋根に掲げる看板は多工の美術教師から「先生、作っておきましたよ！」と渡された。そう言われても、退職とジム開設の準備に追われていた糸川はその美術教師に依頼したことも打ち合わせをしたことも記憶に無い。そもそもジムの名前すら決めていなかった。ただ、そのできあがった赤地のステンレス製の看板には、白い文字でこう記されたていた。

〝アマチュア・ボクシングジム・イトカワ〟

せっかくだから、と糸川はそのままジムの名称に採用した。

二、プロとアマの違い

「ボクシングはマイナースポーツ」

長年、糸川はことあるごとに口にしてきた。ボクシングは「両の拳にグローブをはめ、互いに相手を殴り合うスポーツ」と知名度は高いが、競技人口は少ない。また理解を示す人も限られる。

そしてボクシングにおける〝プロ〟と〝アマチュア〟の競技の違いを認識している人は、更に絞られるだろう。とりわけ、近年、ルールや採点基準が著しく変化している〝アマチュア〟の説明が難しい。

一時期アマチュアのルールの特徴だった、ヘッドギアの着用やグローブ表面の白ラインが廃止された。国際連盟が賞金付きの大会を主催するようになった。そして何しろ、商業化を進める国際オリンピック委員会（ＩＯＣ）の意向に従い、『国際アマチュアボクシング協会（ＡＩＢＡ）』は２００６年に『国際ボクシング協会』に改称し、日本も２０１３年にこれに追従した。本作では便宜的に旧称〝アマチュアボクシング〟を使用するが、正式には死語となっている。

長年〝アマチュア〟に携わってきた糸川は言う。

「『アマチュア』でなぁなら、『ボクシング競技』と呼べばしっくりくるかなぁ…」

糸川の感覚に従えば、〝プロ〟は「タイトルマッチでチャンピオンベルトを目指す」ものであり、〝アマチュア〟は「インターハイや国体で実施される競技種目」で「五輪や世界選手権の金メダルを目指す」もの、と定義される。

そして日本における〝プロ〟と〝アマチュア〟の組織は、１９２８（昭和３）年のアムステルダム五輪への選手派遣を巡って対立して以来、公式の交流を断つ負の歴史を積み重ねてきた。糸川も教員を退職するまで〝プロ〟と距離を置いてきた。

『定年退職の高校教師が私財を投げ打ってジムを開設』
（２００４年２月24日付　岐阜新聞）

地元紙は景気のいい言葉を並べ、糸川のジムを大きく報じた。

『「ボクサーは小さいうちから育てた方がいい。オリンピック、世界チャンピオンを目指せる選手を育てたい」』（同）

『「うちに有望選手をほしい」複数の有力ボクシングジムから早くもラブコールが届いている』（同）

名物教師の話題性は十分。会員の集まりもまずまず。多工や多北の教え子たちがボランティアでトレーナーを引き受けて運営を手伝ってくれて、雰囲気もいい。

ただ、いい話ばかりではない。まず、生活が不規則になった。ジムを開く午後1時までの時間を持て余してパチンコ通い。毎晩9時過ぎまでジムに残り、近くのラーメン屋へ。更に晩酌を嗜めば車を運転できないからジムに寝泊まり。また、桜井孝雄から「ジムの会費とは別の収入源を確保する」ことを助言されていたが、その手段が見つからない。そんな生活を半年間続けると、さすがに糸川は焦り始めた。このままでは退職金が底を尽き、年金を食い潰してしまう。

そんな時に出会ったのがカイロプラクティックだった。

ある日、ジム近くの文化会館でＮＰＯ法人による実演があり、偶然通り掛かって話を聞いた糸川は資格取得を勧められた。「カイロ」は手、「プラクティック」は技術を意味する造語で、道具を使わず手のみで行なう民間資格の療法。資格の取得には認定団体が主催する事業セミナーを受講する。

「ここできちんと学べば、選手をマッサージするのに役に立つかも」

受講に掛かる費用を聞いて躊躇したが、すぐに思い直した。

「これならジムと一緒に開業できる。他に何もしなぁでパチンコで散財するよりマシやな！」

決めるまでは散々悩むが決めてからは絶対に変えない、曲げない。こうしたポリシーで生きてきた糸川は技術習得に注力した。年末の初級に始まり春の中級、夏の上級と講座が続く。更に新人研修の課題として無償施術を患者200人、合計200時間。これら資格取得の費用とジムの改装など、開業のための投資額は約600万円に達した。

このカイロプラクティックは糸川の活動の幅を広げた。教え子の父親に誘われ、市内で定期的に開催される地域の企業イベントに出店、施術の実演を行なった。多治見市の東隣・土岐市に定期的な出張の場を設けた。

更に北隣の可児（かに）市のカルチャーセンターから嬉しいオファーがあった。月2回、平日午前中の90分間のボクシング講座。「ボクシングの技とトレーニングでダイエットしながらストレス解消」「最後に整体で体のバランスを整えます」を謳い文句に、地域の情報誌に紹介された。

開業からしばらくして、同じ多治見市内のカイロプラクター・中川直子が経営に加わった。雇用関係ではなく共同経営。連名の看板を掲げ、それぞれの患者を持つ。中川が加わることで、ジムの鍵の管理を任せることもできる。

「できればジムの練習も手伝って」

この糸川の依頼に、ボクシングと無縁の生活を送ってきた中川は苦笑い。だが少しずつ、子供を相手にパンチングミットを構え、可児市カルチャーセンターのトレーニングと整体を手伝うようになった。

三、中央大学・田中宗夫の教え「指導者の最大の任務は練習者のトレーニング意欲を高めること」

中央大学ボクシング部の監督・田中宗夫の教えだ。田中はローマ、東京、メキシコという１９６０年代の３回の五輪で日本代表チームの監督を務め、そのいずれもメダルを獲得した実績を持つ。

中大では文学部所属の保健体育教科の教授だった田中は、大学の体育授業でボクシングを教え、ボクシングを題材とした複数の体育学論文や著作を残した。さすがに技術や運動科学の理論については今日では通じない面もあるが、取り組みに関する教えは色あせることがない。

＊指導者の任務

一、個人差がある個々の練習者の心理的適性を知り、個性に即して指導すること

一、練習者をいつでも、できるだけ奨励し、トレーニングの刺激となるような示唆を与えて積極的に手引きしてやること

一、チームを作り、指導するチームの特性に正しい理解を持つこと。またチーム内の地位、責任感を与え、練習者の強い自制心を育てること

＊望まれる練習生の条件

一、健康であること

一、精神力、闘志が旺盛であること

一、家庭的に理解があること

一、知能が一般的な水準より優れていること

「立派な指導者」は「ボクシングを通じて人間教育に寄与することを目標」にし、「優秀な競技者」は「道徳的教育の水準が高く、規律を順守し、深い知識と肯定的経験を身につけ、独創性を発揮する」ことが必要だ、と断じている。

田中の教えは糸川の指導の礎となっている。長年の経験でその正しさを実感している糸川は可能な限り噛み砕き、穏やかな口調で少年たちに語りかけるよう心掛けている。

「ちゃんと挨拶して、ちゃんと御礼を言わなアカンよ」

「道具は大切にせなアカンよ」

「ケンカに使ったらアカンよ」

「ボクシングばっかりやなぁて、勉強もちゃんとやらなアカンよ」

学業にきちんと取り組む子の方が、総じて教えた技術の理解が速い。そして、素直な子の方が伸びることが多い。

そして誉めるだけではだめ。「コラッ！しっかりやれ！」と叱るところはしっかりと叱る。

ジムに集まる小・中学生は元気のいい子ばかりではない。学校や家庭などで心身の苦痛を受け、悩みを抱えてジムに通う子がいる。そういう子たちは総じて暗く、思い詰めたような表情をして何かを求めている。

糸川はまずじっくりと話を聞いてみる。そしてボクシングを通じて自信を持たせてあげようと誉める。

「あんたは殴るのがウマぁね」

ただ、誤った使い方を煽る訳にはいかない。そして穏やかな口調で助言した。

「堂々と、はっきりと相手に言ってやりゃええよ。『僕はイトカワジムでボクシングを習っているんだ。だから拳を使うことができないんだ！』って」

ある男子中学生はこの助言を実践し、明るさを取り戻した。

一方、別の男子生徒はこの助言を実践しなかった。ある日、背後からの度重なる嫌がらせを振り払おうとしたところ、肘が鋭角に当たり相手の前歯を折ってしまった。

「暴力だ！」と相手の親は激怒し、中学校側もそれに呼応して〝暴力〟を咎めた。

寡黙ではにかみ屋のその男子中学生は、ジムで必死に訴えた。

「糸川先生！僕は拳を使っていないです！これは暴力じゃないですよね！」

いつものようにじっくりと話を聞いた糸川は呼応した。

「そうや！暴力やなぁよ！拳を使わんかったのは立派やよ！」

そして穏やかな口調で付け加えた。

「でも、ケガをさせてしまったことは、ちゃんと謝らなアカンよ」

四、小柄な兄弟

そんなイトカワジムに田中恒成が兄・亮明と共にやってきたのは、ジム開きから2年半が経過した2006（平成18）年12月のことだった。亮明が中学1年生、恒成が小学5年生。引率する父・斉を含めた3人はジムの存在を知って足を運んだが、不在が2度。3度目にしてようやく糸川と顔を合わせることができた。

糸川は斉に「期間は半年間、パンチの技術を習得してカラテに活かしたい」と依頼された。斉によれば、2人とも幼少期からフルコンタクトカラテをやっており、地域の大会で優勝した実績があるという。このカラテ技術の向上のため、テコンドーなど他の武道も経験してみようと道場を廻り、その一環としてこのジムに来たのだという。

田中兄弟に対する糸川の第一印象は「小柄で運動神経の良さそうな子」。長年の経験から感じることはあるが、必要以上に持ち上げることはしない。練習に通い続けることができるかわからないからだ。

しかし、糸川の中でこの兄弟の評価はすぐに高まった。とにかく熱心。毎日休まず練習にやってくる。聞けば、幼少期からカラテの稽古も毎日続けているという。そして練習中は一切気を抜かない。インターバルの休憩中でも無駄口を叩かず、笑顔も見せずに次のラウンドの動きを思案する。

家族も熱心だった。付き添ったのは祖父・健裕（けんゆう）。自宅からジムまでの6キロ、車で15分の送り迎えを担い、毎日の練習を眺めた。

その健裕は大阪を拠点とした無名の元プロボクサーだったという。ただ孫の亮明と恒成は、その事実を裏付ける写真や資料を見たことがない。しかしボクサーの経験を持つからこそ、健裕は孫がいかに努力をしているか、練習を客観的に評価し、褒めることができた。

ある日のこと。その健裕が不注意でジムの入口のドアのガラスにヒビを入れてしまった。

「あ～あ、ドアに寄り掛かっちゃダメやって」

糸川が笑った。すぐに昔馴染みの業者が駆けつけた。

「先生、こんな程度だったら安く直してやるよ！2000円まけとくよ！」

翌日、健裕はバツが悪くなったのか、ジムに顔を出さなかった。そして代わりを務めたのは母・由紀子。糸川は送迎に来た由紀子の姿を見て仰天した。由紀子は身重だった。

「おいおい、お母さん、お母さん！そんなお腹で運転なんてダメやって！」

すると翌日、兄弟は自宅から走ってジムに現れた。

遠い将来の夢だけではモチベーションを保つことは難しい。子供の習い事には身近な目標が必要だ。その意味において、恒成たちにはいい時代の流れがあった。

2007（平成19）年8月、プロのボクシングジムが中心になって、中部地区の小中学生を対象とした第一回目の大会が開催された。大会は夏休み期間中の一日のみ、参加の全選手がワンマッチに挑む形式。試合のルールは小学生が1分30秒×3ラウンド、中学生が2分×3ラウンド。ヘッドギアと胸部に防具を装着。あくまでパンチによるダメージではなく、技術を競う目的だ。

ボクシング競技の〃デビュー戦〃となった中学2年生の亮明、小学6年生の恒成はともに一回ＲＳＣ（レフリー・ストップ・コンテスト）勝ち。恒成は全体を通じて〃技能賞〃に選出された。

そして続く翌２００８年8月には、日本プロボクシング協会が主催する『Ｕ-15』大会がスタートした。これは統一ルールに基づく初の全国規模の大会で、中部地区の予選を勝ち抜いた亮明と恒成は東京・後楽園ホールで開催される本戦に出場した。

熱心に練習に打ち込む兄弟は誰からも愛された。『Ｕ-15』大会の出場が決まると、ジムの会員だけでなくカイロプラクティックの患者も交通費をカンパした。そんな彼らには思う存分ボクシングをやらしてあげたい。東京での大会に出場する前に学校に挨拶しておいた方がいいだろう。長年の経験からそう考えた糸川は、田中兄弟の通う中学校に出向いた。

糸川は懸念していた。中学体育連盟ではボクシング競技が認められていない。『Ｕ-15』にしろ、学校の部活動には関係のない課外活動だ。4年後に岐阜国体が開催されることが決まったが、中学生の彼らを強化選手に指定することはできない。それにボクシングが教育現場の理解を得られなかったことを、糸川は幾度となく経験している。

しかし、それは杞憂だった。校長室に通された瞬間、全てが解消された。

「先生！お久しぶりです！私、多治見北高で体育を教わったんですよ！覚えておられますか！」

田中兄弟は学校でも受け入れられていた。そして中学校からの働き掛けもあり、市の体育協会から激励金6000円が支給された。多治見市には全国規模の大会に出場する小中学生に激励金を支給する制度がある。つまり、多治見市はボクシングの『U-15』大会を水泳や陸上競技のジュニアオリンピックと同格に扱ったのだ。

しかし、全てが順調だった訳ではない。

初の『U-15』大会では兄弟そろって判定負け。糸川は2人に対して『競技反省』を作成し、それぞれに手渡した。

■田中恒成　37・5キロ級

試合結果　ポイント負け【惜敗】

【長所】

・ガード及び全体のバランスは、他の選手より良好で、安心して競技を観ていることが出来た。強打を打たれる心配がないからである。

・動きは良かった。

【短所】

・攻撃が単調で相手に見られてしまった。

・ロープまで押し込んでいるが、「ここだ」「そこだ」という攻撃に手数が出ていなかった。

・一発狙いがあったように感じた。もう少し「ジャブ」左の捨てパンチを出して相手の出方を窺い、「コンビネーション」攻撃を組み立てたらよかった。

・ボディ攻撃が少なかったと思う。

・相手のパンチをガードしていたが、その後の防御からの攻撃が出来ていなかった。

・第3ラウンド　ストップの後に気が緩み右ストレートをもらった。効いていないがダウンをとられ、採点にひびいたようだ。

・気持ちが優しすぎた。勝つ気迫が乏しい気がした。

■田中亮明　45・0キロ級

試合結果　ポイント負け【惜敗】

【長所】
・フットワークおよびバランス、ガードも良かったので安心して競技を観ていられた。
・これといったパンチをもらっていない。
【短所】
・攻撃が単調で相手に見られてしまった。
・相手をロープまで押し込んでいるが、攻撃力と手数が乏しい。「ポイント」がとれない。
・各ラウンドとも手数が少なく、一発狙いのような気がした。もう少し「ジャブ」左の捨てパンチを出して相手の出方を窺い、「コンビネーション」攻撃を組み立てたらよかった。
・攻撃が「ここだ」という時に相手の出方を観てしまったようだ。
・ボディ攻撃が少ない。応援団は「ボディ、ボディ」と指示しているのに反応がなかった。

そして2人に対し、最後に同じ一文を書き加えた。

「＊終了した後、挨拶に回ったことは、良かった」


この翌年から亮明は、ボクシング部がある瑞浪市の中京高校へ進み、全国大会の常連になった。しかし出場した四つの大会で、後のプロボクシング世界王者・井上尚弥に敗れた。

一方、恒成は中学2年生の夏も『U－15』大会に出場したが、第一ラウンドでRSC負け。僅か38秒でのストップは、大会史上最も早い記録だった。だが、これらの屈辱にも田中兄弟は向上心を捨てなかった。

スポーツには〝根性〟が欠かせない。ただ、中央大学の恩師・田中宗夫が指摘する〝根性〟とは「高い目標意識を持ち、その目標達成のために精神を集中し、それを持続する強烈な勝利への意志」という意味になる。これは1962（昭和37）年、日本体育協会が東京五輪の選手強化のために定義したものだ。

そして〝根性〟を養成するため、指導者は選手に厳しい練習を課すだけではいけない。課題を自ら考えて解決するよう選手を手助けし、その対処力を育てなければならない。

田中兄弟が入門してから1年たった頃、練習中の亮明が糸川に言った。

「先生、今日はミットを受けてください。お願いします！」

糸川が笑みを浮かべてタオル一枚を手に取り、平然と言った。

「スマンな、今日はひじが痛いで、こっちな」

「またですか！これ、何気にキツいんですよ！」

亮明は不満を口にした。しかしラウンドの開始のゴングが鳴ると、亮明は糸川が目の前に片手で吊るしたタオルに鋭いパンチを打ち込んだ。更に糸川がタオルを右から左へ動かしたり、右手から左手へ持ち替えたりする度に、亮明は素早いサイドステップで追った。

この光景を見守っていた父・斉は糸川に次々と質問をぶつけた。この練習の目的とは何か、どういう効果が期待できるのか？

このタオルを用いた練習は、糸川が多工での指導を通じて思いついたものだ。目的は身体のバランスとスピードを鍛えること。当初はシャドーボクシングの標的と考えていたが、次第にミット打ちの代わりにもなった。構えたミットに拳を打ち込み、手ごたえを感じていい音を響かせれば心地よい。ただ、競技として試合に挑めばパンチが空振りになるも多い。そんな時に重要になるのはバランスとスピード。手ごたえのないタオルにパンチを打ち込んでバランスが崩れるなら体力の消耗が早く、相手のパンチを被弾する危険も高まる。

この説明に唸った斉は、更に様々な質問を続けた。では、この技術はどういうものか、どのように練習したらいいのか…

あまりに熱心さに、糸川は斉に向かって言った。

「そんなに息子たちのことが気になるんやったら、あんたがトレーナーをやって教えてあげたら？」

兄弟たちの上達に対し、齢を重ねる糸川の身体はいずれ追い付かなくなる。

この糸川の薦めに、斉は躊躇した。斉にはボクシングの競技経験が無かった。

「あんたは何のスポーツをやっとったの？」

斉はカラテ、柔道、アームレスリングの経験がある。

「じゃ、大丈夫。カラテもボクシングもやることは似たようなもんやでね」

このジムの目的はボクシングを学ぶ場所を提供すること。一から十まで細かく指導されるのではなく、みんなで工夫して活動する。トレーナーになりたければ、トレーナーとして一から学べばいい。

斉には、糸川に明かしていない本心があった。

元々、斉は息子たちをボクシングのチャンピオンに育てたかった。ただ子供たちがボクシングをする環境が自宅の近くに無いから、まずカラテをやらせてみた。だからイトカワジムができた時は心底から感謝した。糸川先生、よくぞジムを作ってくださった、っと。

「では先生、私はいろいろ試してみたいことがあるんですが、好きにやってもええですね？」

「ええよ、ええよ。何でもやってみやぁ」

やる気になった斉に、糸川はひとつだけ条件を付けた。

「自分の子ばっかりやなぁて、他の子にも教えてあげたって」

糸川は、まず初めに斉に基本的なパンチングミットの持ち方を教えた。そして、あとは黙って観ているだけ。質問されれば教えるが、答えを聞くだけでは解決にならない。練習生は一人ひとり違うのだから、ミットを受ける側が工夫しなければならない。

斉も息子たちに負けず劣らず向上心が旺盛だった。大きくてよく響く声を出しながら積極的に動く。カラテの指導員の経歴もさすがで、子供だけでなく一般の会員の心を掴んだ。そして次々と新しいことに挑み、試していく。練習メニューやミットの受け方など、息子たちや会員に一つ一つ意見を聞いて一緒に考えていく。

暫くして、斉はうどん職人の仕事を辞めて耐火材のメーカーに転職、毎日の業後にジムへ通うようになった。後に斉は「無駄に長かった」と反省するのだが、息子たちとのジムワークは毎日2時間を超えた。

また、いい出会いもあった。兄弟がジムに入門してからすぐ、瑞浪・中京高校の指導者となったプロボクシング元世界挑戦者・石原英康と知り合った。

石原は創部間もないボクシング部を率いてイトカワジムに練習に来ていた。斉は石原に助言を受けながら我流の練習方法に修正を加えることができた。

そして斉は「カラテと同じ方法」を試みた。いわゆる〝出稽古〟だ。

イトカワジムでは田中兄弟と同世代の練習生が限られる。そこで斉は、東海地区で行なわれた大会の会場で〝親〟に声を掛けた。

「今度、息子さんのジムで一緒に練習しましょう」

そして〝親〟の同意を得たら、次に糸川から先方のジムへ連絡してもらって筋を通す。そして顔の広い糸川は連絡先のジムの責任者に一言付け加えた。

「この子たちだけでなく、親父のトレーナー修行にも付き合ってあげたって」

兄弟が中京高校に入学した後も斉はイトカワジムに毎日通い続けた。息子たちは石原の指導を受けているのだから、親の自分は一切口出ししない。自分は自分の場所で、自分に必要なものを学ぶ。

こうしてトレーナーの経験を重ねる斉は、ついには「チーム・タナカ」と称してジムの子供たちと独自の練習を始めるようになる。ジムが休みの日曜日は公園に集まった。

この「チーム・タナカ」に加わった、ある無口な少年がいた。少年は中学校を卒業した直後にイトカワジムに入会したのだが、進学も就職もしていない。内閣府の定義に従えば〝ニート〟に該当する。

この〝ニート〟の少年は月曜日から土曜日まで、午後1時に決まってジムに現れ、黙々と練習に取り組んだ。そして2年目になると、昼だけでなく夕方にも練習に来るようになった。仕事を終えてジムに来る斉にミットを受けてもらうためだ。

3年目の秋、少年は突如、休会を申し出た。

「3ヵ月だけ休ませてください。3ヵ月後にまた来ます」

その理由は言わなかった。糸川と斉は黙って待つことにした。

そして3ヵ月後、少年は笑顔でジムに現れた。

「大検を取って、名古屋の大学に受かりました！　大学でボクシング部に入ります！」

その後、少年は無事に大学を卒業、社会人として生活する今もジムに通っている。

第二章　生い立ちと青春

一、波崎の思い出と不遇の青春

1943（昭和18）年春、茨城県鹿島郡波崎町（現在の神栖市波崎町）。

東に鹿島灘、南に利根川の河口が面するこの漁業の町で食品加工会社を営む糸川さよは、医師から妊娠したこと告げられた。

さよは躊躇した。さよは、父の急死により、17歳で家業を受け継いだ。近海漁船を保有し、漁獲した水産物を加工する工場を営む。漁師の幹二を婿養子に迎え、三男三女をもうけた。加えて病死した実妹の子供たち3人を引き取って養っている。また工場で一緒に働く親族も加わり、毎日の食事は一度に30人分を用意するような状況だ。世は戦時下。国策として「産めよ、増やせよ！」と推奨されるも、大家族の生活は楽ではない。

考えた末、さよは医師に中絶を申し出た。だが、医師は無遠慮な言葉を投げ付けた。

「金が無い？なら、米一俵を持ってきなさい」

さよは激怒し、大声で言い返した。

「米一俵あったら子供を育てられます！もういい、産みます！」

そして11月20日、さよは男の子を出産した。親戚の提案により「保二郎」と名付けられた。地元の県会議員「安次郎」を拝借、漢字を変え、父・幹二から「二」を採った。

さよは生前、度々口にした。

「〝米一俵に救われた命〟なんだよ！保二郎は！」

当時の波崎町は人口約2万人。うち就業人口比率の約90パーセントは第一次産業、すなわち漁業と農業が占めた。イワシの豊漁に沸き、その食品加工から出た煮汁を化学肥料の代替として転用する。豊富な水産物は内陸部の農地にも恩恵をもたらし、食糧難の克服に大きく貢献した。また〝闇食糧〟を求める人々が東京方面から連日のように押しかけ、当局の取り締まりの目を盗んで取引が盛んに行なわれた。

海、川の豊かな水に恵まれた自然環境が、幼少期の糸川の遊び場だった。20キロに及ぶ海岸線と美しい砂丘が広がる海水浴場。まだ河口堰が建設されていなかった利根川の流れは清らか。そして大家族の中、遊び相手は三歳上の兄・照雄だった。

照雄はさよのお腹の中にいる頃から「双子が生まれるのか？」と噂され、生まれた時は「一貫目（約３７５０キロ）の子だ！」と周囲に驚かれた、人並み外れた大柄な少年だった。後に中学から始めた陸上競技の砲丸投げで才能が開花するのだが、小学生の頃は温厚なのんびり屋だった。

糸川はその優しい兄といつも一緒だった。照雄に付いて海辺を走り回り、夏は存分に泳ぐ、いたずら好きのやんちゃ坊主。活発すぎた少年・糸川は時々痛い目にあった。

75歳を超えた糸川が笑って回想する。

「小学1年生の時、飼い牛に蹴られて生死をさまよい〝幽体離脱〟を経験したんやな。病院のベッドで寝ている俺の周りに親戚中が集まって声を掛けとるのを、俺は天井から見とったんやな。みんな心配しとるんかなぁって思ったら、あ、いけない、戻らなきゃ、って」

その他にも、溺れて死にかけたことが3度あるという。

「でもね、俺は生涯で溺れた人を3人助けとるでね。ちゃんと神様は見とって、そして、そうしなさいって課題を与えとるんやって」

波崎は「チバラキ県」と揶揄されるほど、利根川の対岸・千葉県銚子市との関係が深く交流が盛んだった。波崎の住民は川幅約1キロを渡って銚子駅を利用する。川幅の中間に県境があるものの、波崎の中学生が銚子市の公立校に〝越境〟通学することも可能。糸川の兄や姉たちは〝越境〟だった。1962(昭和37)年に銚子大橋が開通するまで町営の渡船が運航されていたが、きょうだいたちはそれに乗って銚子まで散髪に行く。少しばかり、羽振りが良かった。

糸川もきょうだいたちと同じ進路を希望した。しかし、それは叶わぬものになった。

1953(昭和28)年秋、数名の背広姿の男性が自宅にやってきて家財に赤い札を貼っていった。横で見ていた小学5年生の糸川が面白がって札を剥がすと、さよが怒り出した。それは国税の滞納による動産執行の張り紙だった。

さよの実弟に任せていた食品加工会社が、工場からの出荷品を運送会社に横流しされるという詐欺に遭って倒産。さよは会社の借金の保証人になっていた。一族は港に所有していた多くの漁船を失い、代々所有していた広大な土地を奪われ、生活は一変した。

「母ちゃん、俺もそろそろ勉強したいから、勉強机買ってくれよ」

糸川の言葉に、さよはミシン台の上を空けた。

「今はカネが無い。カネが入ったら、そのうちな」

小学校を卒業するにあたり、糸川は父・幹二にせがんだ。

「父ちゃん、俺も兄貴と同じ中学に行きてぇよ」

「ダメだ! 渡船のカネが無い!」

止む無く、糸川は自宅から徒歩で通える波崎の中学校に進み、朝夕は家業を手伝うのが日課となった。例えば豚の世話。家の敷地内で食肉用として育てている5、6頭に朝晩の餌を与える仕事だが、豚小屋の悪臭は兎に角苦痛だった。さらに大変だったのがイワシの油取り。食品工場で廃棄されたイワシの臓物を庭先で長時間煮込んで搾り取るきつい作業である。イワシ油は高級化粧品に使われたが、作業中に発生する強烈な臭いが糸川の身体中に染み込んだ。

父・幹二に言われた。

「漁師の子は漁師になればいいんだ！」

しかし糸川はその言葉を素直に受け入れなかった。手伝いの合間をぬって、教員の両親を持つ同級生宅へ通った。その友人の勉強机だけではなく、本棚に並ぶ数多の参考書が目当てだった。

そして両親を説得して進学したのが銚子水産高校（現在は銚子商業と統合）製造科。主たる専攻は食品加工の工場実習だった。

昭和30年代という時代背景を存分に考慮する必要があるが、この銚子水産は荒れていた。上級生が職員室で脅した、対立するグループが決闘を予告したなど、物騒な話がしょっちゅう耳に入る。常に緊張感が漂う中、巻き込まれる危険性を感じた糸川は、自衛策として古い自転車のチェーンを学ランのベルトに巻きつけた。そして毎晩、自宅の庭の大木にチェーンを叩きつけ、武器としての扱いを研究した。

そんな糸川を大いに刺激し、同時に劣等感を抱かせたのは、兄・照雄の存在だった。照雄は陸上競技の名門・中央大学に進み、活躍の場を高めていた。

俺も兄貴に負けず、体だけは鍛えておこう。

そう考えた糸川は水泳に打ち込んだ。千葉県の大会ではバタフライで6位に入賞。毎年恒例の『利根川横断水泳大会』では約1キロの川幅を泳ぎ切って3位になった。

更に毎朝のランニングを自らに課した。6時に起床して約1時間、自宅周辺を駆け抜ける。とはいえ、ランニングは単調で、具体的な目標がなければ続けるのは難しい。そこで糸川はランニングの最後に最寄りの小学校に立ち寄るようにした。お目当ては敷地内にある官舎に住む校長の高校生の娘。糸川はランニングを終えて呼吸を整えつつ校庭の鉄棒のあたりをうろうろ。娘が官舎の外へ顔を洗いに出てくるまで、懸垂をやるふりなどをしながら粘り、そしてその姿を拝んだら全速力で自宅へ戻った。更に慌てて通学の準備をして渡船に飛び乗ると、今度は偶然を装い、その娘によっと声を掛けた。

ただ、その娘とは、ほとんど会話した記憶が無い。無理もない。この当時、健康目的のランニングが世間に浸透していなかった。そんな中、周囲から見れば、坊主頭のゴリラのような風貌で赤い服を着て路上を走る糸川は〞変人〟の扱い。淡い片思いで終わるのは必然だった。

そして糸川の通学はその娘の起床時間に左右された。娘を待って船に乗り遅れたら始業時間に間に合わない。糸川の記憶では高校2年生の1年間だけで72回の遅刻を記録し、担任教師からひどく叱られた。

二、魚河岸の青春

「親父、俺も兄貴みたいに大学へ行きてえなぁ」

糸川は訴えた。

「ダメだ！照雄の陸上にカネがかかってんだ！」

「なんだよ、兄貴ばっかり。俺にも回してくれたっていいだろう」

「陸上の推薦入学なんだ、照雄は！学費はタダ！お前とは違う！」

幹二の答えは苦渋に満ちた、虚しいものだった。

「それにお前、何のために実業高校に通ってるんだ？大学へ行かなくてもいいようにするためだろ！」

高校3年生の夏。糸川は東京都内の冷蔵機器のメーカーで1ヵ月間の工場実習を経験し、冷凍管理者三種とボイラー技士2級の資格を取得した。そしてこの資格を活かして地元・波崎の工場でアルバイトをしていると、卒業後の就職を誘われた。親戚や周りからも勧められたが、糸川は断った。東京へ出たかったからだ。

１９６２（昭和37）年、高校を卒業した糸川は東京・築地にある冷蔵会社に就職した。

糸川は資格を活かせる職場だと思っていた。しかし、与えられた業務は資格を必要としない肉体労働で、冷蔵と製氷、昼と夜、それぞれ交互に担当業務と勤務時間が割当られた。水産物の取扱が世界でも最大級の規模を誇った築地市場は昼夜を問わず数多の漁船が寄港し、水揚げを済ませて次の漁場へ向っていく。寄港した遠洋漁業の漁船が冷蔵機器を備えていれば、冷凍保存した漁獲物を荷卸して仲介業者の倉庫に運ぶ。一方、冷蔵機器を備えていない漁船には保存用の氷柱を保管庫に運び入れる。この一本36キロの氷柱が出来上がるまでの48時間、製氷機の中の不純物を取り除いて新しい真水を入れ替える作業を繰り返す必要があり、勤務は連続24時間、一日半での交代制だった。

独身寮は作業現場から徒歩10分、現在の聖路加国際病院（東京都中央区明石町）の敷地内にあった。窓から見える埋め立て地『夢の島』は、朝から夕暮れまで、無数のトラックが大量のゴミを運んでくる。この光景に、高度経済成長期の変わりゆく大都会の姿を感じた。

糸川は毎月の給料を東京・大井で働く3番目の姉に預かってもらった。自分が持っていると無駄使いしてしまいそうで不安だったからだ。

そして入社から1年過ぎた頃、築地での生活に慣れた糸川は、空いた時間で運動をしたくなった。そこで独身寮から徒歩5分、勝鬨橋の近くにある『晴海ボクシングジム』に通い始めた。当時、「東洋一の設備」と評された、広く豪華な環境。しかしそれは決してボクシングそのものに興味を持ったわけではなく、生活圏内の身近な場所にあるという理由から。

自分の都合に合わせて通い、自分のペースでサンドバッグを叩くだけ。この昭和37年から翌年にかけて、試合のテレビ中継は週に10本ある等、プロボクシングの人気は最盛期を迎えていたが、糸川はほとんどそれらを観ることが無かった。

その一方で、糸川は将来に対して漠然とした不安を感じるようになった。よくよく見ると職場の年配者に覇気が感じられない。無理もない。30度を超える炎天下と、マイナス30度の冷蔵庫という大きな寒暖差を行き来していたら身体がもたない。

また同じ頃、付き合いが続いていた波崎の中学の同級生が「大学の建築学科を受験してみる」と言い出していた。東京での大工の生活に満足せず、将来色々とやってみたいからだという。

みんな、将来を考えているんだな。

糸川は迷いが生じ、悶々とした日々を過ごした。


1963(昭和38)年、初夏のある朝のこと。独身寮の食堂で、先輩の一人が新聞を片手に話しかけてきた。

「おい、糸川!この陸上の砲丸投げの糸川って、お前の親戚か?」

そこには兄・照雄の活躍を伝える記事があった。

「ああ、それは俺の兄貴です」

「えっ、本当か!」

照雄は中央大学3年の1961(昭和36)年に日本選手権で優勝。その翌年に日本新記録を樹立し、アジア大会でも同種目で日本人初となる優勝を飾った。卒業後は実業団の強豪・東急電鉄に入社し、日本の第一人者として東京五輪を目指していた。

「なにっ、砲丸投げの日本記録?」

「じゃ、オリンピックに出るのか!」

周りにいた同僚が次々と集まり、新聞を覗き込んだ。翌年に控えた東京五輪は誰もが興味を示す話題だった。

糸川は黙ってその様子を眺めた。照雄が話題の中にいることは誇らしい。しかし心中は複雑なものもある。

すると、その中の一人が言った。

「兄貴がこれで…で、弟のお前は何でこんな所にいるの？」

糸川は顔を強張らせ、黙って怒りを飲み込んでその場を離れた。

くそー、馬鹿にしやがって！

発した者にとっては何気ない一言だったのか、それもと悪意を込めたものだったのか、今となってはわからない。ただ、この一言は糸川には大きなきっかけとなった。

そうだ、俺も大学へ行こう。具体的に何があるか、わからない。ただ大学へ行けば、自分の将来が切り開けるかもしれない。


そう思い立った糸川は実家に出向き両親に打ち明けた。大学へ行きたい、入学金は自分の稼ぎで支払うから、何とか授業料だけは支援してもらえないか、と。

幹二とさよは歯切れが悪かった。しかし、拒みはしなかった。そしてこの話を伝え聞いた照雄が後押しした。

「よし、わかった！授業料くらい俺の給料から払ってやるよ！」

電話口での照雄の言葉は嬉しかった。糸川は続けて相談した。

「ところで兄貴、俺も中央大学を受験したいんだけど、どの学部が受かりやすいかなぁ？」

志望大学は必然的に中大に絞り込まれた。照雄を通じてなじみが深く、東京都内の私立大学で最も授業料が安い。

ただ、照雄は回答に詰まった。陸上競技の推薦入学だったため、照雄には受験勉強を熱心に取り組んだ経験が無かった。

「うーん、やっぱり文学部かなぁ…」

昭和38年の文学部の入試は、募集定員300人のところ競争率は4・5倍だった。同年の法学部が8・8倍、経済学部が6・3倍、商学部が6・9倍など、確かに照雄の言うことは間違っていなかった。

「中でも国史学科なんかどうかなぁ…」

中大の文学部には国史学科の他に英文学、哲学の学科があり、それぞれ入試を実施していた。

「じゃあ、その受験勉強は何をしたらいいのかなぁ?」

「今からだろ?過去問でもやってみろよ」

照雄の助言を受け、糸川は早速、中大の5学部、過去3年分の試験問題を購入し、仕事の合間をぬって受験勉強に取り組んだ。受験科目は国語、日本史、英語の3科目。国語は入試問題に出てきた熟語、漢字をひたすら暗記し、日本史は高校の教科書を片手に過去問を噛み砕く。一番の課題である英語は過去問に出てきた英単語を書き出し、発音を無視した強引なローマ字読みで頭に叩き込んだ。

年が明けた1964(昭和39)年3月。入試の合格発表を見るため、糸川は中央大学へ出向いた。しかし張り出された紙に自分の受験番号は無かった。

やっぱり、簡単には受かんないよなぁ…

落胆は大きかった。高校を卒業して2年。翌年の受験を目指すのは難しい。さあ、気を取り直して魚河岸で働こう、と、割り切るしかなかった。

しかし一週間後、夜勤明けで寮に戻った糸川のもとに、中央大学から封筒が届いた。それは補欠合格の通知。糸川は慌てて大学事務局に電話すると「本日中に手続が済むなら入学を認めます」という。

「します!入学します!すぐ手続します!」

糸川は直ぐに大井に住む姉から預けていた給与を受け取り、文京区にある中央大学に直行して入学金を納めた。そして職場に向かい、退職を申し出た。

「おいおい、急だな！　会社には会社の事情がある！辞めてもらったら人手が足らん！」

受験したことすら知らされていなかった上司は不満を口にした。

「すみません。でも入学金を払っちゃったんです」

「しょうがない。じゃ、誰か代わりに働ける人を探してこい！代わりが見つかったら、お前の退職を認めてやる」

雇用関係の法規からみれば無茶苦茶な要求だ。だが、言い争っている余裕はない。糸川は実家に電話して事情を話した。

「とりあえず、明日実家に帰るからよ、誰か探してくれねえかな…」

母・さよはすぐに動き、親戚に声を掛けた。すると20歳の親戚が手を挙げてくれた。

翌朝、糸川は波崎に戻ってすぐにその親戚を訪ね、その日のうちに会社へ連れて行って独身寮の部屋を引き継いだ。

そして糸川は再び実家に戻ると、照雄から電話がかかってきた。

「ヤス、お前、魚河岸でボクシングやってたんだろ?中大でボクシングやらんか?俺の同級生にボクシング部員がいてな、寮にタダで入れるって言ってたぞ！」

糸川は照雄に『晴海ジム』のことを話していた。しかし受験勉強のため、ジムに通ったのは2ヵ月のみ。スパーリングはもちろん、マスボクシングも経験したことがない。相変わらずボクシングは無知のままだった。

「まぁ兄貴が言うなら…確かに、寮がタダってのはいいなぁ…」

「よし、わかった。ちょっと待っていろ。俺が今からボクシング部の主将に聞いてやる」

数分後、再び照雄から電話がかかってきた。

「いいってよ。入学前だけど、寮の部屋は空いているから明日からでも入れるみたいだぞ！」

糸川はこの照雄とのやりとりを両親に伝えた。

「ボクシング〜？」

真新しい学生服を新調し、息子の晴れの門出を祝おうとしていた母・さよは露骨な反応を示した。

「あんなもの、鼻が潰れる！顔がぐちゃぐちゃになる！」

父・幹二は黙って聞き、そして一言だけ返した。

「やるなら、日本一になれ！。なれないんだったら、初めから止めておけ。２位、３位でも駄目だ！」

３月29日の日曜日。糸川は照雄に連れられて文京区富坂にある中央大学ボクシング部の寮へ向かった。

その途中、糸川は幹二の言葉を照雄に話した。

「ああ、それか。〝日本一になれ！〟だろ。俺にも言ってたな。『陸上で日本一になれないんだったら、最初から大学になんか行くな！』って」

そしてボクシング部の寮に着くと玄関先に一人の部員が出迎えた。

「糸川さん、わざわざありがとうございました！」

「おう、これが弟、保二郎だ。よろしく頼むな！」

「わかりました。糸川君、俺が主将だ。一緒にがんばろうな！」

主将の名は桜井孝雄。照雄とは同じ東京五輪代表候補選手として知り合ったという。そして中央大学ボクシング部が全国屈指の強豪であり、照雄の言う〝同級生〟とは１９６０年のローマ五輪銅メダリスト、田辺清のことだと、この場で初めて聞かされた。

糸川は身体の震えが止まらなくなった。

第三章　中央大学ボクシング部

一、富坂寮

とんでもない所に来てしまった！

深く考えもせず、照雄の勧めに安易に従ったことを後悔した。しかし、悩んでいる暇を与えられなかった。入寮の翌朝、5時50分に起床の号令がかかり、6時からロードワークが始まった。これは中央大学ボクシング部の監督・田中宗夫の方針だった。

「空気が澄んだ早朝が最もいい。道路を走るのは新聞配達、マラソン選手、ボクシングの練習者くらいのもの」（田中宗夫、体育論文より）

4月に入ると、ボクシング部に新入生が加わった。糸川以外の新入部員はみな高校ボクシング界で実績を挙げた実力者ばかり。そして入学式を終えると、過酷な大学生活が始まった。

早朝のロードワークから寮に戻ると風呂で汗を流し、あわてて準備をして午前の授業に出席。そして昼前に教室を出て練習場に戻る。これも田中の方針で「トレーニングは疲労の無い、全身の活動条件が最も整った時間帯で行なうのがよい」として、ジムワークは正午から2時間行なわれた。

東京五輪を控え、当時の大学ボクシングは注目が高かった。また代表候補選手を抱える名門・中大ボクシング部は常に緊張感が漂い、練習は厳しかった。

また寮生活も厳しかった。毎朝、1年生は上級生よりも1時間早く起床して風呂を沸かす。練習後の夕方は掃除。雑巾がけの途中、疲労からバランスを崩し、顔を床に打ち付けた。食事の準備は二人一組の当番制。同期生は10人で5日に一度は当番が巡ってくる。メニューの選択や食材の買い出しは当番に任せられるため、糸川は時々築地の魚市場に出かけ、安価で仕入れた鯨肉の塊を振る舞った。

一方、どんなにボクシング部が多忙でも、毎日の授業を休む訳にはいかない。通学は疲労と睡魔との闘いだったが、学生同士の何気ない会話は常に新鮮で、心休まる時間であった。

寮の仕事が忙しく、講義にはたびたび遅刻した。その上、午後の練習のために途中で退室する。特に中国語の授業は影響が大きかった。

「またお前か！授業に遅れてきたのに早退するとは何事だ！」

担当の教授が激怒した。

「すみません！申し訳ございません！」

糸川はその都度、頭を下げるしかなかった。

「お前、運動部か！学生にとって、授業と練習とどっちが大事だと思ってるんだ！」

「すみません！すみません！」

「練習時間を変えるよう、部のキャプテンや監督に言っておけ！」

はい、はい、と答えてみたものの、どうにかなるものでもない。寮に戻れば先輩の檄が飛ぶ。

「ボクシングみたいな厳しいスポーツをやってるんだ！勉強くらい、どうやったって出来るだろ！」

そんな糸川の姿を観て、隣の席の学生が機転を利かせた。授業中、糸川に中国語の音読の順番が回ると、カタカナで発音を書きこんだ教科書をこっそりと手渡してくれた。

「お、糸川、お前、運動部で忙しい割にはちゃんと発音ができるじゃないか！」

教授からお褒めの言葉を頂き、糸川は隣の学生にこっそりと礼を言って教科書を返した。

また、日本近代史の追試が決まると、同級生が助言をくれた。

「糸川、〝大久保利通〟について書け。廃藩置県でいいから大久保利通の功績を讃える内容を書きさえすれば単位を取れるぞ」

この助言に従った糸川は「優」を勝ち取った。講義を担当していた教官が大久保利通の孫だった。

この当時、大学ボクシングは四つの大会が中心となっていた。5月から7月にかけての関東大学リーグ戦、秋の国体および全日本選手権。そして現在は行なわれていないが、12月に4日間で行なわれる全国大学トーナメント大会。

しかし、糸川が入学した昭和39年は大きく日程が異なっていた。10月の東京五輪を控えて春の関東大学リーグ戦は開催されず、代わりに強化試合が組まれた。そこで糸川は初めてリングに立った。入部から2ヵ月足らずの5月のことだった。

「いいか、糸川、四つだ！四つ打て！とにかく四つ打て！」

リングサイドの先輩から一斉に檄が飛ぶ。「四つ打て！」は中大ボクシング部の伝統の掛け声だ。三連打までは誰でも練習する。それを一つ上回ってパンチを出せば当たる、という狙いだ。

試合開始のゴングが鳴ると同時に、糸川は夢中で手を出した。まだ左ジャブと右ストレートしか練習していない。ただひたすら、真っ直ぐ前に出た。すると、気が付いたら相手が倒れていた。どのパンチがどのように当たったのか、まったく記憶にない。そのままKO勝ちが告げられた。

その1ヵ月後、糸川は再び強化試合に挑んだ。しかし、今度はうまくいかなかった。開始30秒、相手のパンチで右眉が切れて激しく出血。試合はストップされ、病院へ直行して3針縫った。

8月、縫い傷が癒えた糸川は全日本選手権の地区ブロック予選にエントリーした。高校の出身地、千葉県での出場だったが調整に失敗した。試合当日の朝に38度を超える高熱を発し、試合前の検診にはフラフラの状態で臨んだ。検査官に悟られまいと気を張って振る舞い、腋に挟んだ体温計を少しずらしてごまかした。幸いかろうじて検診をパスしたものの、試合は精細を欠き、最後まで立っているのがやっとだった。

「お前ら1年生全員、連帯責任だ！」

これも、昭和30年代当時の話と考慮せねばならないが、大学運動部は上下関係が厳しく、1年生は寮の上級生に毎晩のように廊下での正座を命じられた。そしておよそ1時間に及ぶ説教が続く。

誰々が寝坊した、練習に気合いが入っていない、挨拶が不十分だ、きれいに掃除ができていない、電話の応対が悪い、メシが不味い…。

理由は何だっていい。しかしその一方で、納得できない1年生は不満が溜まる。

糸川は同級生に宣言した。

「今度、もし一線を越えたら…俺、暴れてやる！」

そして8月のある日、ついに糸川の中で一線を越えた。

「てめーら、調子に乗りやがって！」

糸川は大声で立ち上がり、上着の中に隠し持っていた包丁を握った。

「待て、糸川！落ち着け！」

糸川は上級生に手を掴まれ、数人がかりで寮の外に連れ出された。糸川は2年生数人に取り囲まれ、時間をかけて説得された。そして互いに少しずつ興奮を鎮め、その場は収まった。だが、一緒に外に出た1年生たちが納得しなかった。

「なんだよ、糸川！折れやがって！」

その夜、同級生の大半が寮を抜け出した。この事態に上級生は糸川を叱責した。

「お前が余計なことしたからだ！」

これには糸川もさすがにこたえた。その夜、照雄に電話をかけた。

「兄貴、もう辞めた！我慢の限界だ！」

「待て、ヤス！大学の運動部なんて、どこもそんなもんだ！」

照雄は東京五輪の出場が決まり、本番に向けて調整中。会って話をしている余裕はない。電話口で、照雄は必死になって糸川を諭した。

「今辞めたら、お前には何にも残らんぞ！まだ何にも残していない！挫折を一生引きずるようになるぞ！耐えろ！」

「…」

「同級生だって同じだ。俺が交通費を出してやるから、連れ戻しに行け！」

糸川は返す言葉が無かった。糸川と残った同級生は照雄の資金を頼りに、北は青森から南は熊本まで、同級生たちの実家を訪ねて回った。そしてそれぞれの実家で泊めさせてもらい、一晩かかりで説得を試みた。

その甲斐もあり、同級生は富坂の寮に戻ってきた。そしてこのメンバーとは生涯を通じて付き合いとなった。

二、夢の東京五輪

１９６４年の東京五輪のボクシング競技を観戦した作家・三島由紀夫はこう評している。

「私の見馴れたプロボクシングに比べれば、もちろんここにはボクシング試合の暗さはみじんもなく…」

「鋭ぎすまされた野蛮な人種的偏見など少しも感じられない」（朝日新聞）

ボクシング競技の会場は後楽園アイスパレス。この東京五輪において既存の施設を使用した唯一の競技だが、参加62ヵ国は陸上競技に次ぐ多さであり、ひときわ国際色が豊かで華やかだった。

関東大学リーグに属するボクシング部員は大会運営のスタッフとして動員された。糸川が配属されたのは試合会場ではなく、東京・中野の明治大学和泉体育館に設けられた公式練習場。選手がいつでも使用できるよう、スタッフは開幕前の9月15日から競技最終日の10月23日まで、午前9時から夜9時まで練習場で待機していなければならなかった。

練習場は、体育館の一階から屋上階まで計15面のフロアを21に区分けし、それぞれに公式試合と同サイズのリングを組み立てた。その他にも全体でサンドバッグ32本、パンチングボール34本が設置され、パンチングミット33組、縄跳び96本など十分な数の練習用具が用意された。

その区分けしたスペースは3ヵ国ずつに割り当てられた。糸川が担当したのは韓国、オーストラリア、ウルグアイ。当時の多くの日本人がそうであったように、外国人と接することは糸川も初めての機会。人の体臭が食習慣によって異なることを初めて知り、また大学の講義以外で初めて外国語を耳にした。特にウルグアイの選手団はいつも陽気に話しかけてきた。スペイン語の〝セニョール〟〝セニョリータ〟を卑猥な身振りと大きな笑い声をふまえて教えてもらった。

ただ、糸川をはじめこの公式練習場のスタッフは時間を持て余すことが多かった。選手村から移動に時間が掛かることが嫌われ、選手団は提供を申し出た都内のボクシングジムの方に流れた。また競技日程が進むにつれて敗退した選手、チームは練習場から去っていく。

ボクシング競技の最終日となる10月23日。夜7時から始まる決勝戦を前に練習場が撤収された。糸川は最後まで作業に加わり、外で夕食を済ませてから富坂寮に戻った。すると、中はお祭り騒ぎになっていた。

「桜井先輩が勝ったぞ！金メダルだ！」

日本ボクシング史上、初めて五輪の決勝戦に進んだ桜井は韓国・鄭申朝を圧倒、4度のダウンを奪って二回RSC勝を収めた。大会前に「金15個」を目標に掲げた日本選手団にとっては16個目、この東京五輪で最後に獲得した金メダル。戦前の予想を裏切る〃伏兵〃の快挙だった。

　スタッフ業務に拘束された糸川は兄・照雄の勇姿を観ることが叶わなかった。砲丸投げでの日本選手の出場はベルリン五輪以来7大会ぶり、日本人初のアジア大会優勝者として五輪に挑んだ照雄の記録は15メートル84。最下位から2番目の成績で予選落ちだった。ちなみに優勝記録は20メートル33。世界との実力差はいかんともし難いものだった。

　しかし、日本体育協会から「低い記録にあまんじながら、他のどの種目よりも懸命な努力を積み重ね」「彼は立派に戦った」と讃えられ、「懸命な努力をはらうことこそ、人間として最も大切なことで、スポーツ本来の姿もそこにある」（日本体育協会『東京オリンピック選手強化対策本部報告書』）と総括された。

　10月24日、東京五輪の最終日。この日はボクシング部の練習は休みで門限も無い。糸川は照雄から譲りうけた〃選手親族用〃のチケットを持って閉会式が行なわれる国立競技場へ向かった。

　冷たい小雨が降る秋の夜、照明に浮かび上がった国立競技場は華やかだった。赤く燃え続ける聖火と最新鋭の電光掲示板に浮かび上がる鮮やかな文字。各国の選手団は予定されていた入場行進の列を初めから崩して一斉にグラウンドになだれ込み、国を超えて笑顔で手を取り合って肩を組む。

　作家・三島由紀夫が「閉会式の壮麗さにまさるとも劣らない、素晴らしい人間的な祭典」（朝日新聞）と称えた閉会式は、それまでの大会にない、後世に語り継がれる展開だった。

糸川にとっての五輪とは、この閉会式に集約されている。

東京五輪から2ヵ月の12月、アマチュアボクシング全日本大学選手権が東京・駒沢体育館にて行なわれた。この大会は8階級、点取り試合形式の団体戦で、参加の8大学が3日間のトーナメントで争う。優勝を目指して勝ち上がるには単に勝ち星を積み重ねるだけでなく、選手がダメージを残さないことが求められる。そのためにはチームとして戦略的な〝捨て試合〟を作って〝捨て駒〟を起用し、主力選手を休ませることが重要だ。1年生で実績の乏しい糸川は〝捨て駒〟の役割。そこで対戦した相手は2人の東京五輪代表選手だった。

まず1人目は2回戦、早稲田大学のライト級・白鳥金丸。日本選手権三連覇、東京五輪でも2勝を挙げた白鳥に対し、糸川は試合開始と同時に先制攻撃を仕掛けた。しかし30秒過ぎ、カウンターの右フックをテンプルに打ち込まれて膝をつき、セコンドからタオルを投入された。

そして2人目は準決勝、立教大学のウェルター級・米倉宝二。一階級上の米倉に対し、今度も糸川はガードを固めて積極的に前に出続けた。距離を潰して米倉の強打を許さず、ひたすら手数を増やす。両者とも決定打のないまま試合終了のゴングを聞いたが、判定は米倉を支持した。

結局、中大はこの立大に1ポイント差で敗れた。

第四章　日本一と岐阜県民

一、ジプシー選手と〝砲丸パンチ〟

１９６５（昭和40）年初頭、中央大学ボクシング部のミーティングで監督の田中宗夫が言った。
「今年の国体は、開催地の岐阜県チームに６人！住民票は学生課でまとめて移してもらったぞ」
住民票の移転先は岐阜市・柳ヶ瀬商店街の洋服店で岐阜県ボクシング連盟会長の自宅である。これは開催県がチーム力強化のため、または参加メンバーの頭数を揃えるため、県外の有力選手を補強するいわゆる国民体育大会の〝ジプシー選手〟。全国的に選手層が薄いボクシング競技において、大学のボクシング部は〝ジプシー〟の貴重な供給源だった。
海辺で生まれ育った糸川は、こうして海の無い岐阜の県民となった。

余談ではあるが、岐阜県は当初、昭和39年の国体の開催を目指していた。しかし昭和34年の伊勢湾台風で甚大な被害が生じたため国体の招致を遅らせざるを得なかった背景がある。もし台風被害が無く当初の計画通り進んでいれば、糸川は岐阜県に縁が無い生涯を送っていただろう。

中央大学のジムワークは監督・田中の方針に従い、体重別の階級が近い部員同士が一つのチームを組んで行なわれた。チームのメンバー全員の上達が自らの実力向上につながるとして、互いに教え合うという伝統がある。

２年生となり雑用から解放された糸川は、精力的に練習に打ち込んだ。競技経験が浅いことを自覚し、上級生やチームメンバーに対して遠慮することなく貪欲に質問して知識を習得した。

田中宗夫の体育論文によれば、「ボクシングには基本的打撃が12種類、攻撃パターンの組み合わせは20766通り」あるという。論文にはその組み合わせ数の計算根拠が示されていないが、コンビネーション・ブローにはそれだけ工夫の余地があるということだ。

身長167センチは自身の階級の中では低い方。しかし腕力には自信がある。糸川は色々と考えた末、短駆のファイタータイプとして、徹底して一つのコンビネーション、独自の4連打に取り組んだ。

まず左ジャブを素早く2発、続いて上体を少し前に倒しながら左ジャブをボディへ。そして相手の注意とガードがやや下がったところに上体を起こしながら右拳を上に向かって突き上げて顔面に叩き込む。この最後の一打は右ストレートを途中からフックの軌道に変える〝オーバーハンドライト〟。後にプロボクシングの世界王者・ガッツ石松が〝幻の右〟と称して広く知れ渡ったパンチだ。

「さすが糸川！まるで砲丸投げだな、それは！」

部員の間では〝砲丸パンチ〟と称された。

また防御面では〝骨を切らせて肉を断つ〟。首、背、腹の筋力を徹底的に鍛え、ブロックの上から強打されても耐えうる頑丈な身体を目指した。

二、金メダリスト桜井のプロ転向騒動

この同じ時期、中大ボクシング部は騒動に巻き込まれた。金メダリスト・桜井孝雄のプロボクサー転向に関わる問題だった

事の発端は同年3月5日付のスポーツ紙が一面に掲載したスクープ記事だった。卒業を目前に控えた桜井は内定していた中央大学職員を辞し、三迫ジムからプロデビューするという。そして同じ紙面には日本プロボクシング界のファイトマネー事情が掲載され、桜井の商品価値の高さが説明されていた。

ただ、この記事は桜井と三迫ジムにとって不本意

なタイミングだった。桜井は監督・田中宗夫と事前に話し合いができておらず、またこの日はアマチュアボクシングの日本代表チームが沖縄に遠征中。当時の沖縄は米国の統治下で、電話連絡も困難だった。

この記事に対し、アマチュア側から激しい非難の声が上がった。

「金メダルをプロの水で汚すのか！」

「アマで金メダルを獲れなかったらプロで世界一を目指そうというのなら理解できる。ただ金メダリストがプロで何を証明しなければならんのだ！」

「桜井君は自分ひとりの力で強くなったと思っているが、とんでもない！学生らしくない行動だ！」

これら反発に対してプロ側も過敏に反応、三迫ジムに自制を求めた。

そしてスクープ記事から一週間後の3月12日、田中から中大やアマチュア連盟の関係者と桜井の話し合いがもたれた。この日は結論が持ち越されたが、直後に開かれた記者会見に臨んだ桜井は顔面蒼白、憔悴し切った表情だった。

『頭を下げて終始無言』『目はギラギラと鋭くなり、頬がげっそりとこけている』『何かにおびえているような感じ』『目に涙を浮かべて「あまりボクを追いかけ回さないで下さい」』（報知新聞）

なぜ、桜井のプロ転向がこれまで深刻な話に発展したのか？これには当時の五輪を取り巻く背景を理解する必要がある。

当時の国際オリンピック委員会（ＩＯＣ）会長アベリー・ブランティーニは「アマチュアの権化」と揶揄されるほどアマチュアイズムの厳格な行使を訴えていた。その根拠となるのは五輪の参加資格を謳った「五輪憲章第26条」。これをブランティーニは解釈を拡大し「五輪、競技で得た名声で金銭を得ること」を禁ずる主張を展開していた。しかもこれは自身の専門競技で得る直接的な報酬に限ったものではなかった。東京五輪に関連する事例でみれば、陸上男子100メートル走のボブ・ヘイズがアメリカン・フットボールのプロチームと入団契約したことや、柔道無差別級のアントン・ヘーシンクが俳優としてイタリア映画に出演したことまで、ブランティーニは批判の対象とした。

　このような状況なら言うまでもなく、五輪の実績がプロの興行に利用されるボクシングは目の敵にされた。東京五輪の開幕直前に開かれたＩＯＣ総会において、ブランティーニは「ボクシングの金メダリストのプロ転向禁止。もし禁止できないなら、ボクシング競技を五輪から除外してはどうか」と発言していた。この提案は総会で否決されるが、田中をはじめ日本のアマチュア関係者が過敏に受け止めたであろうことは、想像に難くない。

　一方、桜井は元々プロ志望が強かった。桜井は千葉県佐原市（現在の香取市）の農家の7番目の子として生まれ、定時制高校を経て中大に入学。在学中にもプロ転向を口にしたことがあったが、「せめて東京五輪までは」と関係者に説得されて思いとどまった。五輪出場は目標だったが、金メダル獲得は本人にとっても予想外。「こんなことになるんだったら、金メダルなんかとるんじゃなかった」と桜井が呟いた、と報じられた。

　一方、田中も苦渋の立場だった。

「桜井君が選手として勝負したい気持ちは理解できる。それに職業選択の自由はある」

　止む無く田中と中大は、最大級の功労者である桜井をボクシング部から除名、大学からの栄誉賞表彰を辞退することで騒動の鎮静化を図った。

三、全日本チャンピオン

　この昭和40年秋、糸川は岐阜県の選手として東海地区ブロック予選を勝ち抜き、岩手県水沢市（現在の奥州市）で開催される全日本選手権への出場を決めた。そして10月8日からの3日間が、糸川のその後の人生を変えることになる。

リングに上がった糸川は、それまでにない、不思議な感覚に見舞われた。半世紀の時を経て、糸川が回想する。

「天から指示されたような気がしたんやな。『今！ここに打ち込め！』とか『次はこっちに動け！』とか…。それが全部うまくいった」

この年の全日本選手権のライトウェルター級には8人が出場していた。糸川は初日の1回戦と2日目の2回戦をともに判定勝ち。するとその勢いそのまま、3日目の決勝戦でも判定勝ちを収め、見事に初出場で初優勝を成し遂げた。

リングサイドで見守った田中や中大の関係者は歓喜の声を上げて糸川を讃えた。中大としては前年の桜井孝雄に次ぐ、この年では唯一の優勝だった。同時に〝岐阜県〟の選手として、大会史上2人目の快挙。「地元での国体開催に華を添える優勝」として、岐阜県から糸川に特別表彰が与えられた。

この秋、糸川は絶好調だった。

全日本選手権から2週間後、岐阜県多治見市がボクシング競技の会場となった国体に出場、岐阜県の一般チームの一員として団体戦で3勝を挙げた。チームは優勝こそ逃したが、全競技の総合得点で岐阜県は1位となり〝天皇杯〟を獲得。それを祝して多治見市街でパレードが行なわれた。

その1ヵ月後の11月27日、来日したソヴィエト連邦チームとの対抗戦に糸川は日本代表として選ばれた。場所は代々木第二体育館。桜井孝雄の金メダル獲得でボクシング競技に対する世間の注目が集まる中、この対抗戦はＮＨＫ教育テレビで全国に生中継された。

糸川の対戦相手は東京五輪のライトウェルター級銀メダリスト、エフゲニー・フロロフ。優勝こそ逃したが、専門誌に「大会屈指のテクニシャン」(『プロレス&ボクシング』誌)と絶賛されたサウスポー。片や試合会場から離れた練習場のお世話係だった糸川にしてみれば夢のような対戦で、このキャリアの差を埋める秘策などあるはずもない。

「いいか、糸川!四つだぞ!四つ打て!」

「〝砲丸〟だ!〝砲丸パンチ〟を打ち込め!」

激励を背に、糸川は開始のゴングからひたすら前に出た。まず糸川が先手のパンチを放つと、フロロフは少しバックステップを踏んで身をかわしてアッパーを返す。スピードはあるがパンチ力は感じられない。これなら堪えられる。こう確信した糸川はひたすら前に出た。するとフロロフは糸川を抱え攻撃を遮った。

「おい、ホールドだ! ホールド!反則だ!」

日本チームから怒号が飛ぶ。だがレフリーは注意すらしない。相手の腕を抱え込むホールドの反則ではなく、巧みなクリンチワークによる防御だった。

当時の日本アマチュアボクシング界はこのソ連のスタイルを手本としていた。背筋を伸ばしガードを高く構えてパンチを繰り出すフロロフはいわば教科書通りの正統派。一方の糸川は異端のファイタースタイル。糸川が前に出れば、フロロフがパンチを躱してクリンチで前進を遮る。明確なクリーンヒットを奪えない展開が続き、そのまま3ラウンドを終えた。糸川の額から鮮血が流れていた。いつ負傷したのか記憶に無いが、フロロフのパンチによって裂けたのだ。

判定はフロロフを支持した。ただ糸川には手応えがあった。新聞の戦評も好意的だった。

「フロロフを相手に一歩も退かず、猛烈なインファイトで戦い通した」「競技歴はわずか一年半の糸川にとっ

ては上出来」（以上、報知新聞　１９６５年12月）

この年の暮れ、抜群の成績を残した糸川はスポーツ紙に紹介された。

「わずか一年半で王座」「兄・照雄は砲丸投げの日本記録保持者。『日本一という点では兄に追いついたわけですが、ぼくのはまだ内容がそなわっていない。卒業するまでチャンピオンの座を守りたい』」

そして記事の最後に一文が加えられた。

「将来は教員希望だという」（以上、報知新聞　１９６５年12月）

日ソ戦での糸川（1965年　代々木第二体育館）

第五章　教師になる夢

一、プロボクシング界からの誘い

「おい、糸川！今夜、ちょっと付き合えや！」

全日本選手権を制した後、中大のＯＢが富坂寮に現れるようになった。糸川には馴染みの薄い人物だ。言われるがままに車に乗り、原色のネオンが煌びやかに灯る銀座のキャバレーへ。

「社長、連れてきましたよ！後輩の糸川です！桜井の次のチャンピオンです！」

「おお、君が噂の糸川君か！強いんだって」

そのＯＢの仕事上の接待の場だった。

「ま、ま、糸川、遠慮するな。一杯飲め」

「いえ、すみません、先輩。門限もありますんで…」

「寮には断ってあるから。いいよ、気にするな」

華やかなドレスに身を包んだホステスが、「１杯１万円」だというビールをグラスに注ぐ。学生服に坊主頭の糸川が顔を赤らめるとホステスは少しからかうような笑顔を浮かべる。

「糸川、あっちでホステスさんと踊ってもらえ！」

広い店内を横切り、ミラーボールが輝くダンスフロアへ導かれた。背後にはバンドの生演奏。言われるがままにホステスの腰に手を回す。鼻に強い香水の匂いが漂う。

寮に戻るのは深夜。翌朝のロードワークは二日酔い。こんな〝接待〟は一度や二度ではなかった。

「糸川！お前、弛んでるぞ！」

ボクシング部の上級生に怒鳴られた。しかし自らの意思では断ることができない糸川は、抗うこともできずに流された。

アマチュアの全日本王者で頑丈な強打者。こんな〝逸材〟をプロボクシング界が黙っているはずもなかった。

　１９６６（昭和41）年6月、関東リーグ戦を終えた糸川に、中大ＯＢ・田辺清が所属する田辺ジムから〝アルバイト〟の依頼があった。後の世界王者・ファイティング原田と対戦するため、フィリピンから来日したフィル・ペトランザのスパーリング・パートナー。〝アルバイト料〟は1ラウンドあたり２０００円。

　中大での昼の練習を終え、水道橋にある田辺ジムに出向いた糸川にトレーナーが言った。

「糸川君、藤猛みたいに打ってくれ」

　スパーリング用の大きなグローブをつけ、糸川は戸惑いながらボディブローを連打すると、ペトランザは両手を挙げてニヤリと笑って打たれ強さを誇示した。そして器用に左右の構えをスイッチし、タイミングのいいショート・アッパーを糸川に打ち込んだ。

　スパーリングを終えると、田辺ジムに所属する米国人トレーナー、ボビー・リチャードが糸川に近づき〝ダーティー・テクニック〟を教え始めた。接近戦でグローブを高く構えたまま肘を畳み相手の腕を挟んで動きを封じる。同時にレフリーに気づかれないよう反対の手で攻撃を加える。意外に役に立つ、と感じた糸川は素直に受け入れた。

　翌7月にも再び田辺ジムから〝アルバイト〟を依頼された。今度はベテランの元日本フェザー級王者、菊地万蔵のスパーリング・パートナー。後に劇画『あしたのジョー』の丹下段平のモデルになったと言われる菊地より3階級重い糸川をわざわざ指名したところに、プロに引き込みたいジム側の思惑が透けて見えた。

　そして菊地との1週間に及ぶスパーリングを終えた数日後、今度はその菊地と対戦する中川雅史が所属する船橋ジムから〝アルバイト〟が持ち込まれた。船橋ジムにも中大ＯＢのトレーナーが在籍していた。

「お前、スパーリングをしたんだって？だったら、菊地の動きを真似できるだろ？」

こちらは１週間で20ラウンド。その全てを終えた翌日、糸川は東京・亀戸にある興行主の自宅に招かれた。

「糸川さんがお見えになりました！」

和風の大豪邸の敷居をくぐると書生らしき若者が大声を上げげた。通されたのは20畳を超える、高級旅館の宴会場のような大広間。その襖の奥から貫録のある紋付姿の興行主が現れた。

「おお、チャンピオン！よう、おいでなさった！」

よく通る大きな声に糸川は恐縮して思わず頭を下げた。

「これ、スパーリングのアルバイト代。あと試合のチケットを入れたから、是非、観にいらっしゃい」

封筒の中には現金２万円。当時の大卒公務員の初任給に少し届かないくらいの額だ。続いて豪華な寿司と日本酒が運ばれてきた。

「さ、さ、チャンピオン、どうぞ一杯！」

その興行主からもらったチケットを持ち、中大ボクシング部の仲間と共に後楽園ホールへ出向いた。糸川にとって初のプロボクシング観戦だった。

後楽園ホールに足を踏み入れた瞬間、糸川は思わず眉をひそめてムセた。観客が吐き出すタバコの煙が天井に淀んでいる。

指定の雛段席に腰を下ろすと、隣にいた強面の観客の会話が耳に入ってきた。

「ほら、やっぱり倒されただろ！」

「うるせぇ、次だ、次！」

「今度はどっちだよ？赤？青？」

「よし、赤に１万！」

糸川は、以前、白黒映画で観たマフィアの賭場のシーンを思い出した。

ここは俺が生きていける場所じゃない。

若い糸川の心が固まってしまった。

〝アルバイト〟は糸川にとって予想を超えたマイナスだった。他の選手の真似をしたことで作り上げてきた自分のスタイルが崩れ、中々元に戻らない。競技歴の浅い糸川のボクシングは、それだけ応用の幅が狭く、脆かったということだろう。

そしてそのタイミングで右拳を骨折した。サンドバッグを打ち込んだ際、自らの強打に拳が耐えられなかったのだ。

また体育教師になるという目標は糸川に多大な時間と労力を求めた。

3年時から履修が始まる保健体育の専攻科目は出席が厳しく、また課せられる実習も多かった。通期の体育実習のほか、年に数回の教育合宿が組まれる。その合宿では座学のほか、体育館での球技や屋外グラウンドでの陸上競技、川での水泳などの実技の実習を行なう。そして4年時には東京・練馬区の公立中学校での教育実習が組まれ、教壇に立って生徒と向き合い、運動場や体育館で汗を流した。

しかし運命のいたずらか、3年時と4年時ともに中大の教職課程の試験とボクシング全日本選手権の日程が重なった。元々2年間の社会人生活を経て入学した身。これ以上遅れる訳にはいかない。糸川は試験を優先して全日本選手権を欠場、戦わずして連覇の夢は途絶えた。

糸川は3、4年時の個人戦に出場しなかった。団体戦では、4年春の関東大学リーグ戦で東京五輪代表、また後にプロボクシングの世界戦のリングに立つ早稲田大学・高山将孝の技巧に屈した。

半世紀の齢を重ねた糸川が回想する。

「やっぱり、心のどこかで、満足しちゃったんやろうなぁ…一回で全日本を獲れたもんやから…」

決して厳しい中大の練習を疎かにしたつもりはない。自分のピークが過ぎ去った、と認めていた訳でもない。しかし、教師になるという道に逸れ、自分のボクシングを完成できなかったという思いが残る。

「そういう思いがあるから、やり残したことがあるから、今日までボクシングに携わってこれたんやろうなぁ…そうやなかったら、こんな金にもならん、苦労が多いことを…」

二、高額の契約金

大学卒業を前に、某ボクシングジムの関係者が波崎の実家に現れた。

「息子さんを3年間預からせてください！3年間だけ、プロでやらせてください！」

提示した契約金は100万円。しかし、父・幹二と母・さよは頑として首を縦に振らなかった。

「ダメだ！たとえ100万でも息子を売る訳にはいかない！」

同じ頃、糸川は桜井孝雄に上野の喫茶店へ呼び出された。桜井はプロに転じて2年、順調にキャリアを重ねていた。

「糸川、どうだ、卒業後にウチのジムからプロにならんか？」

コーヒーを片手に桜井は単刀直入に切り出した。

「会長は契約金を出すと言っている。147万円でどうだ？」

端数のついた具体的な金額だった。当時、大卒初任給は3万円弱。初任給の水準を思えば、現在なら1000万円相当の価値だろう。

「…いやぁ〜その…」

糸川は困った。どのようにしたら桜井の顔を潰さずに済むのか。

「…ところで参考までに、先輩の契約金はいくらだったんですか?」

「俺?俺は700万円」

「…すみません、やっぱり教師になりたいです!」

糸川はひたすら頭を下げた。桜井もそれ以上は立ち入らなかった。

三、突然の岐阜行き

プロの誘いを断っての就職は難渋した。

第一希望の中央大学助手の採用試験は不合格。続いて勧められた岐阜県職員も不合格。そして体育教員の臨時採用枠の受験を勧められたのは岐阜県と鹿児島県だった。いずれもボクシングの指導ができる教員を求めていた。

実家に戻って相談すると、父・幹二の回答は明快だった。

「そりゃ、岐阜県だ!国体でお世話になっているし、新幹線で行ける!」

その幹二は、糸川が卒業試験を控えた3月、自宅のトイレから出た直後に頭痛を訴えて意識を失い、搬送された病院で亡くなった。脳卒中だった。

卒業試験と葬儀、悲しみと慌ただしさが過ぎる中、糸川は無事に中央大学を卒業するが、岐阜県からの連絡が無い。仕方なく、糸川はボクシング部OBが興した水道メンテナンスの会社を手伝うことにした。

そして年度末が迫った3月30日、岐阜県教育委員会から糸川に電話が入った。多治見北高校定時制で体育教員の欠員が出たという。臨時採用の講師ではあるが、受ける気があるなら31日中に多治見に入り、4月1日の職員会議に出席するように指示された。

糸川は二つ返事で応諾した。会社の先輩に侘びを入れ、実家から着替えと布団を送る手配を済ませ、翌31日の朝から多治見へ向かった。そして夕方に指定された市内の旅館に到着し、早目に床に就いた。

しかし糸川は初日の職員会議に出席できなかった。翌朝、糸川は腹痛を訴え、救急車で搬送された。

急性胃腸炎。市内を流れる土岐川を利用した水道水が合わなかったのだ。

美濃焼の街らしいJR多治見駅にある陶壁「ひびきあう声」

土岐川の流れと多治見の町並み

第六章　定時制高校からのスタート

一、〝不良〟のスポーツ

着任にあたり、糸川は岐阜県体育連盟から要請された。

「多工と多北の指導も頼むよ！それに糸川さんには選手として国体に出てもらわんと」

〝多工〟こと多治見工業高校は運動部が盛んな強化指定校。〝多北〟こと多治見北高校全日制は東濃地方屈指の進学校。この2つの県立高校にあるボクシング部の指導を、午後5時半から始まる定時制の勤務の前に併行してくれと言う。

2校うち多北のボクシング部は専用の練習場は無く、屋外でトレーニングに励んでいた。一方、多工は講堂のような建物の中に柔道場と並んでリングが設置され、サンドバッグが吊るされていた。

糸川は多北の部員にはなるべく多工の練習に参加するよう促した。

また、当時の国体には「教員の部」が設置されるなど、若い教員が競技生活を続けることが推奨されていた。ボクシング競技には「教員の部」は無いが、糸川は「一般の部」の主力選手。高校生を指導する傍ら、自身のトレーニングにも取り組んだ。多工と多北の間の道のり1.5㌔を走って移動することがロードワークの代わりだった。

そして着任して間もなく、県体育連盟から知らされた。多工にあるリングとサンドバックの一本は東京五輪の公式練習場にあったものだという。リングは岐阜国体の試合会場で使用された後に多工に移された。東京五輪の〝レガシー（遺産）〟はこんなところで活かされていた。

大都市圏に比べて戦災被害が少なかった岐阜県はスポーツの復興が早く、終戦直後の1946（昭和21）年にアマチュアボクシングの県連盟が発足した。中心となったのは戦前に関西の大学で活躍した県内出身者。そして県内に駐屯していた進駐米軍から練習用具の提供を受けた。当初、県内でボクシング部が活動を始めたのは10校。そのうち東濃地方から多工と多治見中学（旧制）が加わり、週末に岐阜市にある岐阜公園内の旧武徳殿で合同練習を行なった。

しかし昭和20年代後半から多工を含めて「学校の方針」を理由に廃部が相次いだ。進駐米軍はボクシング競技を学校教育活動の一環として推奨したが、教育現場では賛同されなかった。そのため本格的に活動するのは岐阜工業高校に限られる状況が長らく続いた。

転機を迎えたのは1963（昭和38）年、行政主導により多工と多北にボクシング部が創設された。岐阜県では2年後の岐阜国体に向けた選手強化策として学校ごとに種目を決めて練習を指示したが、2校とも「競技開催地にある、男子生徒がいる高校」という条件を満たしていたことでボクシングが割当てられた。しかし反発も強かった。それを伝えるこんな記事が残っている。

「ボクシングに指定された学校で『不良になる』とPTAの反対が出て、選手と母の会を開いて了解を求めたことがあった」（報知新聞　1965年10月30日付）

十分な準備もなく飛び込んだ糸川の教員生活は毎日が多忙だった。しかし臨採の講師の立場は何の身分保証もなく、様々な面で扱いが違う。

初任給を受け取った直後、組合活動に熱心な先輩教師が耳打ちをした。

「糸川さん、その給料ですね、最初は裸のまま渡そうとしたんですよ！『それはあんまりでしょう！』

と抗議したら、ようやく封筒を用意したんですよ！」

これを聞いた糸川は校長に辞意を申し出た。あわてた校長が遺留すると、6月から正規採用となることが決まった。おそらく教職員組合の働きもあったのだろう。また東京五輪を機に体育行政が見直される中、体育指導者の絶対数が不足していたのも事実だった。

暫くすると、糸川は午前中に県立病院の敷地内にある看護学校の体育授業も受け持つようになる。午後のボクシング部の指導、夜の定時制と、異なる学校での〝三重生活〟が課せられた。

二、ラストファイト

糸川は教員1年目の10月、岐阜県一般の部チームの一員として福井県小浜市で開催された国体に出場した。点取り試合形式の5人制団体戦で、この年の岐阜県はメンバーが充実、優勝候補の一角とみられていた。

まず1回戦の香川県には糸川を含めて5戦全勝。その翌日の東京都との2回戦では4人を終わって2勝2敗という状況で、最後の5人目に糸川がリングに上がった。強敵の東京都とはいえ、全日本選手権優勝の実績は明らかに格上。岐阜県チームの誰もが糸川の勝利を疑わなかった。

しかし、予想外の結末となった。試合開始直後、強打を浴びた糸川がマットに沈んだのだ。

糸川は「開始のゴングが聞こえなかった」と回想する。ただ、その時の現場に立ち会っていた者の記憶では、その糸川の回想を裏付けることができない。

岐阜県チームが呆然とする中、立ち上がった糸川はすぐに2度目のダウンを奪われ、レフリーにストップされた。

その国体から2ヵ月後の1969（昭和44）年1月3日、糸川は沖縄県那覇市で行なわれた全日本社会人選手権に出場した。国体の屈辱を晴らすべく、初めてパスポートを取得し、正月休みを利用して米軍統治下の沖縄に乗り込んだ。

しかし、結果は再び不本意なものだった。

1回戦の第2ラウンド、レフリーの声を「ストップ！」と聞き取り視線を反らした瞬間、相手の右ストレートを顎に受けて膝をついた。

「おい、〝ストップ〟じゃないのか！」

糸川はレフリーに抗議した。しかし、試合会場は米軍基地内で、レフリーは米国人。言葉がうまく伝わらない。結局、ダメージを負った糸川は最後まで動きに精彩を欠き、判定負けを喫した。

試合後、糸川は審判員席のジュリー、すなわち上訴審判員に詰め寄った。上訴審判員とはアマチュアボクシングのルールにおいて設置され、レフリーの裁定やジャッジへの異論を受け付ける。場合によっては判定を覆す権限を持っている。

「あれは『ストップ！』の後のパンチでしょ！明らかに！」

「えっ、レフリーがそんなこと、言ったか？」

「言いましたよ！レフリーに確認してみてくださいよ！」

ジュリーを含め、審判員の誰もが避けていた。英語に自信が無いのは明らかだった。

「お前、反則だと言うんだったら、そのまま寝ておけばよかったじゃないか？」

「そんな！倒れたままで反則勝ちしたら、次の試合に出場させてもらえないじゃないですか！」

「もう、うるさい！納得できないならレフリー本人に言え！」

怒りが収まらない糸川に、岐阜県チームの監督・所義郎が冷静な声で語り掛けた。

「糸川さん、アンタ、短期間で2回も倒されて…アゴが弱くなったんやなぁの？」

「…」

「もう潮時でなぁの?学校の仕事もあるんやし…」

この試合がボクサー・糸川のラストファイトとなった。そして糸川は今日まで揺るぎない教訓を得た。

「最初の反応やな、ボクサーの衰えが出るのは。試合開始後の、最初の反応」

スタミナ切れを起こすのは論外だが、試合が長引くほどボクサーとしての地力の差が出る。ただ、両者ともダメージの無い状態での試合開始直後の最初のコンタクトに最も危険が潜む。

「一度でも緩んじまったボクサーはな、二度と戻らんのやね…」

三、新米教師時代の思い出

「卒業式が終ったら女子生徒たちが泣きながら駆け寄ってきんやな。ドラマみたいなシーンやった」

糸川が回想する。半世紀近く前の新米教師時代の思い出だ。

「囲まれた時、ほんと、教師になってよかったと思ったなぁ」

多北定時制の第11回生、商業科の最後の卒業生となった後藤芳子が回想する。

「やっぱり、大変だったのよ。職場と学校。卒業すること自体が第一。それくらい忙しかった」

後藤は糸川が着任した年の2年生の生徒だった。

「卒業したらこの地から離れる人が多いんです。だから思いも強いし、そういう行動になったんでしょうね。感情が抑えられなくて…」

多北定時制は全日制とともに1958(昭和33)年に開校した。当時、岐阜県の東濃地区に5つあった定時制高校のうちの1校。当初は普通科と商業科だったが、糸川が着任した4月に商業科の募集を停止、替わって衛生看護科が設置された。

当時の全校生徒数は約700人。そのうち地元出身者は約三割。残りは地場の陶磁器産業に集団就職でやってきた、九州や東北など遠方の出身者だった。

生徒の日常は過密だった。朝から夕方5時まで職場で働き、それから慌ただしく夕食をとってから通学する。授業の開始は18時10分で、その1時間後に夜食のパンと牛乳が配られる。21時半に授業が終了し、帰宅または会社の寮に戻って翌朝からの勤務に備える。このサイクルが4年間続く。その間、仕事の両立に悩む者、新たな道に挑む者など入学した生徒の半数が卒業前に去っていた。それだからこそ、最後までやり切ったOB、OGたちの思い入れは強い。そして誰もが「学校生活は楽しかった」と口を揃える。

後藤の同期OG・鈴木信子が回想する。

「休憩中もよく先生が生徒に話しかけてくるんです。話題や目線が同じなんですよ」

同じく同期OB・浅野一美も同意する。

「定時制の先生は定年近くのベテランか、新任みたいな若手がほとんど。勉強を教えてもらっているが、何せ私らも労働者同士。先生は友人みたいな感覚で気が合いますよ」

同期OB・酒向康二は下宿生。糸川の下宿の近所だった。

「若い先生が数名、同じ下宿にいたんです。最初はガラス屋で次に時計屋さんだったかな。それぞれの2階で六畳一間ずつ。近所だから、先生の部屋に行って勝手に寝てたんです」

糸川が担当する保健体育の授業ではバレー、バスケット、ドッジボール、野球、柔道　そして夏は水泳が行なわれた。

「糸川先生が泳いでいる姿を観た記憶がないわぁ」

同期OG・北羅田鶴子が回想する。北羅をはじめ多くの生徒にとって、当初に思い描いていた糸川の印象は大きく違っていた。

「ボクシングのチャンピオンってどんな人かと思ったら、いつも優しい口調。怒ったところをみたことがないです」

ただ生徒は糸川の〝なまり〟が気になって仕方がなかった。

「先生の〝さ・し・す・せ・そ〟が〝しゃ・しぃ・しゅ・しぇ・しょ〟に聞こえたんですね。関東出身の生徒はほとんどいなかったんですから、どうしても気になってしまうんです」

多北定時制の衛生看護科は１９６９（昭和44）年4月に新設された。新入生は１クラスのみ。そこで若手の体育教師であることから糸川が担任に指名された。

衛生看護科の第1回生・永井千鶴子が回想する。

「女子ばかりのクラス。しかも全員が医療機関に携わる者ばかりです。先生も苦労が多かったのではないかと」

同じく第1回生・後藤たず子も回想する。

「あまり歳の差が無いこともあり、わがまま言いたい放題でした。女子生徒ばかりだったからでしょうね、糸川先生は根気強く聞いてくれました」

衛生看護科の新設にあたり、多北定時制の教職員の知識や準備は十分と言えなかった。糸川は入学式の日までに諸々の情報を集め、独自の見解を固めた。

永井が回想する。

「『進学を考えろ！上の学校に進んで正看護婦の資格を目指せ！』と言うんです、入学の直後から。先生は何を言っているのか、さっぱり理解できませんでした。当時は准看護婦の方が正看護婦より多かったですし、私たちも准看護婦になるために入学したのですから…」

２００２（平成14）年に「婦」から「師」に統一された看護師と准看護師は、１９５１（昭和26）年に制度化された。そのうち准看護師は、戦後の看護職の不足を補うため、できるだけ短期間に最低限の看護技術を身につけて医療現場の即戦力となるよう求められた。両者の業務内容はほとんど差がないが、看護師は国家資格で准看護師は都道府県知事の認可資格。病院や医師会側からみれば、准看護師は低コストで確保できる看護人材だった。

一方、日本看護協会は１９６４年に准看護師制度の廃止を正式に提案していた。女性の進学率が高まる中、看護職の地位向上を求めての主張だった。

『准看護の資格だけでは、いずれは仕事が無くなるぞ』って糸川先生が度々おっしゃるものですから、だんだんそのように思うようになりまして…」

この助言は永井に大いに影響を与えた。永井は正看護師の資格を取得、45歳から高齢者福祉の道に進み、愛知県犬山市で特別養護施設を立ち上げた。以降ケアマネージャーとして現在に至る。

「看護婦の資格を得たお蔭で人生の選択肢の幅が広がりました。特別養護施設を通じて地域高齢者との関係を深めていくことができました」

人生で２つの職業に従事したこと。特別養護施設という形ある物を残すことが出来たこと。振り返れば、これらの出発点は定時制での糸川の助言だった、という。

「先生が良い種を蒔いて下さったお陰で、私は人生に小さな花を咲かせることができたと思います」

四、人生の〝芽〞

１９６７（昭和42）年　多治見工業高校デザイン科に入学した坂崎勝は運動に自信がもてない少年だった。１７０ｾﾝを超える長身だが、中学時代はバスケットボール部のレギュラーになれなかった。そして多工では〝籠球〞と〝排球〞を間違えてバレーボール部に入部してしまい、そのまま辞めることもできずにいた。

そんな1年生の冬のある日、坂崎は不良高校生による〝カツアゲ〟の被害に遭った。

現在も多治見市内に住み、糸川との付き合いが続く坂崎勝が、半世紀近くの時を経て回想する。

「『バレー部？ 何だよ、踊りの方か？』とバカにされまして…でも、何も言い返せない。悔しかったですねぇ」

その夜、幼馴染の友人の部屋で愚痴をこぼした。

「その幼馴染は黙って聞いてくれた後に言ったんです。『君の学校にはボクシング部があるんだろ？だったらボクシングをやってみたら？』っと」

この一言に、坂崎は中学1年生の夏に多治見市体育館で観戦したボクシング競技の全国高校選手権を思い出した。熱気溢れる華やかな舞台で繰り広げられた激しい攻防。初めて生のボクシング競技に触れた坂崎は、ただただ憧れを持って眺めていた。


「そうだ、全国大会だ。〝カツアゲ〟の仕返しじゃない。やるからにはあの舞台を目指そう、と思ったんですね。そして3月からボクシング部に入部したんです」

しかし、それから1ヵ月間、まともな指導を受けることがなかった。誰も教えてくれないからボクシングの基本すらわからず、何を練習していいのかもわからない。

そんな頃、糸川がコーチとしてやってきた。4月初め、新学期が始まる直前だった。

「そういう意味では、私は糸川先生の門下生第一号の一人ですね」

坂崎は、本来なら4月からの新入生が教わる、まさに一からの基本指導を糸川から受けた。

「何しろ全日本のチャンピオンですからね。先生の言葉を漏れなく聞いて、先生がやっている練習を真似するだけでも参考になんです」

坂崎はボクシングにのめり込んだ。糸川から〝砲丸パンチ〟のコツを伝授され、坂崎も工夫を重ねた。自身の長身を活かすために左アッパーをフェイントに使うコンビネーションを練習し、ボクシングの実力は瞬く間に向上した。

その一方、減量は厳しかった。通常の体重63キロからフェザー級のリミット57キロまで、1ヵ月で6キロ減らす。成長期の身体には過酷だった。

「当時のことですからね、〝飲むな、食うな、走って汗を出せ！〟だけですよ。カッコ悪い雨合羽を着てひたすらランニング。辛かったですよ」

糸川と出会ってから5ヵ月後、初めて挑んだ国体予選の計量では「200グラムオーバー」と告げられた。絶望感に襲われた坂崎を、ボクシング部員や役員が励ました。

『再計量まで1時間ある！とにかく走って汗を出せ！』っと。雨合羽を着て会場前の階段をダッシュです。すると糸川先生は何も言わずに一緒に走ってくれたんです」

坂崎は2回目の計量をパス、予選でもあれよあれよと勝ち進み、見事に国体への出場メンバーに選ばれた。

「国体に出場が決まるとですね、町内中で騒ぎになったんですよ。『坂崎さんとこの、勝君が』って。大袈裟じゃなく、自分の周りが一変したんですよ」

隠れてボクシング部に入部していたことを知って呆れていた両親や親戚、坂崎を幼少期から知る近所の年配者…坂崎は大いに戸惑った。

「やはり天皇陛下のお名前があるからですかね、あの当時の年配の方々にとって国体は別格だったのでしょうね」

校内でも坂崎の名が知れ渡り、周りの見る眼が変わった。ただ日々の練習と減量が厳しく、顔はいつも険しい表情になる。そんな坂崎を見て、窯業専攻科の彫塑の教師・近田精治が声を掛けた。

『授業が終わって練習に行く前に彫塑室へいらっしゃい』って言われたんです。粘土をこねる作業を手伝ってほしい、と」

１９３５（昭和10）年生まれ、53歳の近田は母校で教鞭をとる傍ら、彫塑の芸術家、日展作家としても知られ、放課後は自身の創作に取り組んでいた。

「なぜ俺なんだ、って思いましたよ。近田先生は理由をおっしゃらなかったですし」

しかし、何日か作業を続けてみると、坂崎は近田の意図を察した。

『菊練り』って呼ぶんですが、思ったより力のいる作業で、汗が出てくるんですね。近田先生は減量の役に立つと思ったのでしょう。それに心を落ち着けなさい、ということですね。土を触っている間は心を休めなさい、っと」

３年生になった坂崎は東海大会を制し、８月に群馬県伊勢崎市で行なわれたインターハイに出場した。その帰路、茨城県波崎の糸川の実家に立ち寄った。そして部屋を覗いた瞬間、坂崎は愕然としたという。

「照雄さんの記念品が所狭しと飾られているんですよ。賞状、トロフィー、メダル…しかもその中身は〝全日本〟とか〝アジア大会〟とか書いてあるんです。テレビで観た東京オリンピックのブレザーもありました」

するとその時、糸川の日程に合わせて帰省してきた照雄が部屋に入ってきた。

『おっ、ヤスの教え子か！』っと。見たこともない太い腕に分厚い胸板。そして声が大きくて響くんです」

圧倒されて萎縮する坂崎に向かって、更に照雄は続けた。

『ところでお前は〝日本一〟になったのか！この

家に来る者は、みんな全日本チャンピオンになってるんだぞ！』っと」

坂崎は打ちのめされた。

「何の取り柄も自信もなく、田舎から出たことがなかった少年がですよ、東海地区でチャンピオンになって、全国大会に出て、町で話題になって…これは自信と誇りでしたよ。しかし照雄さんに言われて、過信と驕り、天狗になっていた自分に気づいたんです」

糸川は言う。高校の3年間は人生ではわずかな期間。高校教師の仕事は、種を蒔き、芽が出るところまで育て、あとは見守ることだ、と。

「おっしゃる通りと思います」

坂崎はこの糸川の言葉に賛同する。

「私にとって〝芽〟は、憧れていた全国大会に出場したことですね。どんな場面でも動じない、度胸がつきました。この経験は後の人生の原動力になりました」

そして照雄の〝日本一〟の一言も、坂崎の人生に大きな影響を及ぼした。

「〝芽〟はスタート地点に立ったに過ぎなかったんです。〝日本一〟、常に意識してきましたよ」

坂崎は多工を卒業後、地元の陶器メーカーに就職した。

「私はボクシングでは〝日本一〟になれなかった。でも仕事では〝日本一〟になるんだ、と。東濃地方の美濃焼は〝日本一〟で、ウチの会社はその商品を扱っているんだ、と」

坂崎は精力的に仕事に打ち込む傍ら、糸川のもとでボクシングに関わり続け、東濃地区、岐阜県のボクシングの発展に携わっている。

五、集団就職の強打者

多北高定時制に着任してから半年後、ある男子生徒が職員室の糸川の席にやってきた。

「先生、僕にもボクシングを教えて下さい。やってみたいんです」

商業科の3年生、鸖林（つるばやし）久行という、多治見市内の製陶会社に熊本県阿蘇郡から集団就職でやってきた生徒だった。

糸川は定時制の剣道部の顧問を受け持っていた。部活動は授業が終了する午後9時30分からせいぜい1時間が限度。定時制でボクシングを指導するとは想定していなかった。

「それは構わんけど、剣道部の横でやってもらうことになるよ」

「はい、もちろんです。是非お願いします！」

その翌日から鸖林は体育館に通った。道具も設備も揃わない中、独り黙々とシャドーボクシングをこなし、糸川が剣道部の練習の合間をぬって構えるミットにパンチを打ち込んだ。

鸖林の8歳上の実姉で、現在も多治見市内に住む照美（現姓・菊地）が回想する。

「なんで弟がボクシングなのか、さっぱり想像ができませんでした」

鶴林は身長170㌢でガッチリとした体格。中学時代は陸上競技で汗を流していた。明るく笑顔を絶やさず、学校の行事でも常に中心になって働く積極性のある少年だった。

「糸川先生と出会って、その人柄に魅かれたんでしょう。それ以外、考えられません」

鸖林は幼くして両親を病気で失い、歳の離れた兄夫婦に育てられた。中学3年の時、自転車で阿蘇山の崖から落ちて右脚に重傷を負い、その影響から高校への進学が1年遅れた。そして選択した進路が、姉・照美と同じ会社への集団就職だった。

集団就職は各社の採用活動の一環だ。独身寮を備えて〝金の卵〟を受け入れる。そして定時制高校への通学と部活動は各社の方針に左右される。靍林の場合、会社が用意する送迎バスに乗って通学していた。

「君は住み込みの寮生だろ？帰りのバスの時間があるんじゃないのか？」

毎日、体育館に遅くまで残って練習する靍林を見て、糸川は心配して声を掛けた。

「大丈夫です。ちゃんと部活の時間を作ります」

笑顔で答えた靍林は送迎バスには乗らず、自力で帰寮するようになった。そしてついには会社を辞めて寮を出て、姉夫婦すなわち照美の家に転がり込んだ。昼間はガソリンスタンドで働きながら通学を続け、ボクシングの練習に打ち込んだ。

練習を休まない靍林は呑み込みも早かった。ボクシングは環境に恵まれなくとも熱意があればなんとかなる。指導歴の浅い新人教師の糸川は、靍林を通じて初めてこれを実感した。

「先生、学校に運動部として認めてもらいましょう」

靍林は校内にポスターを張り、部員集めを試みた。この靍林の姿をみて、何人かの生徒が興味を示した。

普通科2年生・今井光雄はその輪に加わった一人だった。多治見の郵便局に勤める、小柄ながら負けず嫌いの格闘技好きの生徒。現在も多治見に住む今井は笑いながら回想する。

「ボクシングを教えてもらえるなら私も、と。糸川先生は国体の選手とは聞いていましたが、チャンピオンだったとは知らなかったです」

今井も何人かの生徒に声を掛け、練習に参加してもらった。

「でも、ほとんどがすぐ辞めちゃいました。みんな昼間に働いていますから、疲れてしまうんです。それに殴られたら痛いですから」

ただその働きかけの甲斐もあり、ボクシング部は4月の新学期から運動部と認められた。柔道場の地下にある三畳ほどの部室を割り当てられ、支給された部費ですぐにサンドバックを購入してそこに吊るした。

そして1969（昭和44）年秋、定時制の4年生になった靍林は国体予選の岐阜県チームのライトウェルター級の代表選手に選抜された。

同じくライト級の代表となった多工・坂崎勝は、国体チームの強化合宿で靍林を知った。そしてその時の衝撃は今も鮮明に記憶している。

「素晴らしい動きでしたね。スピードがあって軽快でした。こんな選手が定時制にいたのかと、びっくりしました」

一階級下の坂崎は常に靍林の練習相手となった。

「パンチ力！　特に右ストレートが強かった」

全身のバネを活かした右ストレート。チーム内では〝鶴林のダイナマイトパンチ〟と呼ぶようになった。

そして10月、靍林は長崎国体への出場を果たす。その大会後の帰路、岐阜県チームとともに故郷・熊本県阿蘇郡に立ち寄った。糸川が回想する。

「集団就職の少年が国体選手に…。正に〝故郷に錦を飾る〟やった。彼を育てたお兄さんが笑顔で『先生、ありがとうございます！立派にご指導いただいて！』って。当時の国体はそれだけ価値があったやね」

六、教え子の死

1970（昭和45）年春、靍林は卒業後もボクシングを続けることを希望し、拓殖短期大学の夜間部に進んだ。当時、夜間部の学生も4年制の拓殖大学ボクシング部に入部することが可能だった。

靍林は強豪・拓大の選手として関東大学リーグ戦にも出場を果たした。しかし2年終了時に編入を断念、多治見へ戻った。

「あれ、お前、なんで戻ってきたの？」

1972（昭和47）年3月、多北定時制の職員室に現れた靏林を見て、糸川が尋ねた。靏林は詳しくは答えなかった。ただ、進学の断念は金銭的な事情であることが読み取れた。

「先生、なんとしても国体に出たいんです！よろしくお願いします！」

「そりゃ構わんよ。けど、練習は前と同じやよ」

「もちろんです。また練習に参加させてください！」

靏林は再び多治見市内のガソリンスタンドに勤めながら、夜の9時30分から始まる多北高定時制のボクシング部の練習に加わった。体育館の隅でミットを打ち、部室に吊るしてあるサンドバッグを叩いた。

靏林は夏にミュンヘン五輪の代表選考会を兼ねた全日本選手権に出場した。そして初秋の国体の東海地区予選で活躍、10月に鹿児島県阿久根市で行なわれる国体に岐阜県一般の部チームの一員として出場した。

国体での1回戦は地元・鹿児島チームとの対戦だった。5人制点取り試合形式で行なわれる団体戦では靏林の出番は最後の5人目。だが岐阜県チームは4人目までに3敗を喫し、敗退が決まってしまった。

そしてリングに上がった靏林の相手は、糸川の母校・中央大学の現役部員。リングサイドで見守る糸川は厳しい試合になることを覚悟していた。

しかし、靏林は見事なボクシングを披露した。初回、靏林はリング中央で最も得意とする右ストレートを打ち抜いた。豊かなスピードで体重が乗り、右脚の蹴りも十分に加わって腕が伸びきった理想的なフォーム。まともに顎に受けた中大選手がリングに大の字となり、レフリーは即座に試合を止めた。

「やった！ワンパンチKO！」

「これぞ靏林！〝ダイナマイトパンチ〟だ！」

糸川らリングサイドにいた岐阜県チームは歓喜の

声を上げた。そしてリングから降りてきた鶴林を取り囲み、まるでチームが勝ったかのようなお祭り騒ぎとなった。殊勲の靍林も興奮した声で糸川に言った。

「先生、ありがとうございます！全国大会で勝てました！これでボクシングを辞められます！思い残すことはありません！」

国体からの帰路、岐阜県チームと一緒に熊本・阿蘇の実家に再び立ち寄った靍林は終始上機嫌だった。故郷の観光名所を案内しながら、明るい表情で糸川に言った。

「多治見を離れて就職しようと思うんです」

東海地方の近隣であるが、引っ越しするという。糸川は23歳の靍林の門出を祝った。

「そうか、頑張りゃあよ。また時間があったら、学校に顔を出してちょうだいよ」

その後も靍林からの近況報告は続き、結婚して子供が生まれたことも知った。

だが、再会は叶わなかった。

鹿児島国体から7年後の1979（昭和54）年春、靍林はリンパがんを発症、30歳の若さで急逝した。

「あまりに急でした。1月末に体調不良を訴えて病気が見つかったんですが…もう手遅れだったんです」

姉の照美が回想する。そして照美は糸川に訃報を伝えた。

「私から学校に電話して、お通夜の場所をお伝えしたんです。糸川先生、絶句されまして…」

照美は電話を終えるとすぐに準備を整え、夫の真一とともに愛知県豊田市の斎場へ向かった。そして斎場に着いて驚いた。

「糸川先生は私たちよりも先に着いていたんです。よくこんなに早く、と」

糸川にとって、教え子の葬儀は初めてだった。

親族席には靏林の5歳の娘と4歳の息子がいた。

こんな小さな子どもたちを残して逝ってしまったのか!

糸川は人目をはばからず泣いた。

七、進まぬ理解

定時制で働き始めて3年が過ぎた頃、糸川は中央大学ボクシング部監督・田中宗夫から電話を受けた。中大に戻って助手にならないか、という誘いだ。中大は大幅な組織改編を控えており、体育科目の人材の確保が求められていた。

この田中の誘いを糸川は断った。

「いえ、私は岐阜で根を張ります。岐阜のボクシングを育てます」

ようやく選手が育ってきた、という実感が湧いていた。それに教師は自分のポリシーを、価値観を強く持たねば務まらない職業。決める時は散々迷うが、決めたら曲げない、変えない。

その後も田中からの誘いは一度や二度ではなかった。しかし、糸川の決意は揺るがなかった。

そして1973(昭和48)年12月、中央大学は教員免許教科「保健体育」の廃止を決定した。

定時制を含む〝三重生活〟は多忙ながらも充実していた。仕事の経験を重ね、プライベートでも伴侶を得た。

ただ厄介な問題もあった。最初の人事異動、転勤を経験すべき時期にありながら、なかなか引受先が決まらない。定時制の勤務は8年に及んだ。これは県立高校の新人教員としては異例の長さだ。その原因は、もちろんボクシング部の存在だった。

ボクシング部がある学校への異動を糸川本人が望み、また岐阜県の体育連盟もそれを求めた。しかし多北全日制が昭和47年から休部の状態になったため、県内では他に多工、岐阜工業の全日制、定時制の3校しかボクシング部が活動していない。しかも、そのいずれも体育教師の空枠がなかった。

糸川は多北定時制の校長や体育連盟を通じ、ボクシング部を新設するよう県下の高校に訴えた。しかしいずれの学校も「危険だ」「風紀が乱れる」と拒否反応が激しかった。

同じ頃、糸川は瑞浪市にある私立・中京商業高校（現　中京学院大学中京高校）の校長、安達元成と知り合った。中京商業は全国レベルでも実績を残す、運動部の名門校。糸川は安達にボクシング部の創部を直談判した。しかし、安達の返答も芳しいものではなかった。

「ボクシングか…ウチの学校の方針に合わんなぁ」

ボクシング競技に対する理解は、なかなか進まなかった。

多工で行なわれた岐阜県国体チームの強化合宿（昭和44年秋・坂崎勝氏提供）

第七章　指導者として

一、血気盛んな指導者

１９７４（昭和49）年４月に多北全日制に入学した日比野昌弘は、校内の体育館にボクシング用具が置いてあることに気付いた。多北全日制のボクシング部はこの２年前から休部となり、これらの用具は定時制が管理していた。

「せっかくなら同好会を作って使わしてもらおう、と新入生５人で担任の先生に相談したんです。そしたら糸川先生が指導に来てくださったんです。定時制の授業が始まる前の短い時間でしたが」

現在も糸川と交流がある昌弘は笑顔で回想する。

６歳上の兄・利信は多北ボクシング部に在籍し、糸川の〃一期生〃の一人だった。

「糸川先生は『おお、利信の弟か！立ち姿は似ているな』と」

しかし当時は小学生だった昌弘は、利信がボクシングをしている姿を観たことが無い。

「国体から顔を腫らして帰宅した兄貴が、無言で布団に入っちゃったんです。それしか記憶が無いんですね」

翌年、同好会は正式に運動部に格上げとなり、昌弘ら多北全日制の部員は岐阜県のインターハイ予選に出場した。

「でも所詮は進学校のクラブですよ。朝は小テストや追試がありますからランニングなんか数える程しかやらないし、練習も試合前にちょこちょこっと体重を落とすために…」

昌弘の笑いながらの回想に、糸川も苦笑する。

「ちょこちょこもやっとりゃせんよ、昌弘は！」

部員たちは大会前でも練習に姿をみせないことがしばしば。授業が終わると糸川は多治見駅近くの喫茶店に足を運んで昌弘ら部員を探し出し、駅前のサウナに連れて行った。多北の選手は平均3～4キロ、多い者で5～6キロの減量を要した。そして何とか昌弘たちは出場したが、岐阜県予選を勝ち抜くことはできなかった。

ただ昌弘らが復活させたボクシング部の存在は、教員・糸川の人事異動に大きく影響した。1976（昭和51）年4月、教員生活9年目にして初めての人事異動として多北全日制に赴任することになった。

「えっ、糸川先生が温厚で怒ったところを見たことが無い？定時制の方がそんなこと言ってるんですか？それは全然印象が違いますね！」

1977（昭和52）年、多北全日制のボクシング部に入部した高橋宏和は笑いながら言った。

「そりゃもう、怖かったですよ！ボクシングに対してはもの凄く厳しかったです」

高橋ら昭和50年代のボクシング部員の証言から、年齢にして30代から40代前半にかけての血気盛んな指導者・糸川の姿が見えてくる。

高橋が特に強烈な記憶として残っているのは多工での合同練習での一件だ。糸川がリング上で多北の部員を相手にミット打ちを受けていると、その部員の表情が強張ってきた。

「糸川先生が色々言うものだから、カッカしちゃったんでしょうね。そしたら故意か偶然かわかりませんが、その部員のパンチがミットを外れて先生の顔に当たっちゃったんです」

怒った糸川はとっさにその部員を抱えてリングの外に放り投げた。

「コノヤローって。危なかったですよ、打ち所が悪かったら」

長い指導経験の中、糸川は高校生のミット打ちのパンチを度々顔面に受けた。糸川の右下前歯の1本は、それによって折れたものだ。

昭和51年に多治見工業に入学した加藤博昭は、インターハイ前の強化合宿を思い出す。

「糸川先生が大きな古タイヤを持ってきたんです。ロープを腰に巻いて足腰を鍛えるんだと」

糸川が指定した場所はアスファルトで舗装された登り坂。これには選手たちが抗議の声を上げた。

『先生！これは普通、平らな砂のグラウンドでやるもんでしょ！全然すべらんですよ！』と。そしたら先生、『バカ野郎！摩擦が大きいからいいんじゃないか！』って」

ただ練習が終われば一変した。

「〝ガス抜き〟が上手いんですよ、糸川先生は。話好きで〝幽体離脱〟とか面白いことを笑顔で言うから、思わず笑っちゃう」

この夏の強化合宿について、高橋宏和も笑いながら回想する。

「当時は水を飲むな、と言われていた時代です。ただ、糸川先生は『塩をなめろ。塩分を取れ！』と窓際に小さく塩を盛ったんです」

しかし炎天下での激しい練習で意識が朦朧とした高橋は、その塩の山を片手で掴み、塊ごと口の中に入れてしまった。

『バカ！死ぬぞ！』と糸川先生は大慌て。『おい、全部吐き出せ！』と大量の水を飲まされました。そしたら、ちゃんと出るものですね。きれいに全部吐き出せました」

二、正しいボクシング

1977（昭和52）年、多治見工業に入学した森正弘は、同じ中学出身の強面の先輩に捕まった。森は水泳部に入部するつもりだったが、逃げることができなかった。

この日から約40年後、森は笑いながら回想する。

『『正弘、ボクシング部に入部な！』と。水泳部の入部手続のために体育館へ向かう途中だったのですが、ボクシング部の練習場の前を通らなければならなかったんです。仕方ないですよ」

ただ入部して間もなく、コーチに来ていた糸川からトレーナーを勧められた。理由は眼鏡だった。

「『君のその視力では試合は難しいよ。どうや、トレーナーとセコンドをやらんか？』っと。『ボクシングでは大事な役割やでね』と説明されました。本音を言いますと、こりゃ助かった、と」

そして森はグローブを握ることなくパンチングミットを手にし、マウスピースを自分の口に嵌めることなく洗う役割を担うことになる。

「そのおかげで、各地の全国大会に連れて行ってもらいましたから」

森が最も印象に残っているのは高校2年生の1979（昭和54）年1月4日、東京・後楽園ホールで行なわれた高校選抜東西対抗戦だ。昭和50年から平成2年まで開催されたこの対抗戦は、原則としてその年の夏のインターハイの上位選手が選抜される。この年は多工からフライ級の堀井豊とバンタム級の加藤博昭が西軍代表として出場した。同行した森の役目はセコンドではなく8ミリビデオの撮影だった。

「糸川先生が購入したカメラですね。当時のものは大きくて重いんです。それに会場では他に誰もカメラを用意していなかったので、私だけ目立ちまして…」

森が撮影したのは堀井と加藤の試合のみ。残りの試合をのんびりと観戦した。

この大会の中で一番の注目はライトウェルター級の西軍代表、浪速高校の赤井英和だった。インターハイを制した赤井は近畿大学への進学が決まっており、翌年のモスクワ五輪の有望株だった。

しかしこの日の試合は波乱の展開となった。第1、

2ラウンドと赤井が強烈な左フックでダウンを奪うがいずれもオープンブローとみなされた。そして第3ラウンド、赤井が左フックで3度目のダウンを奪うが、またもオープンブローとして失格負けを宣告された。倒された相手は抱えられて戻ったコーナーから立ち上がることができず、レフリーと赤井だけがリング中央に立って試合結果のアナウンスを聞いた。

「このシーンを観て、糸川先生が私に聞いてきたんです。『赤井のパンチは強烈で速ぁけど拳の返しが遅くてパンチのスピートについていけん。なぜやかわかる?』と」

答えにとまどった森に、糸川が説明した。

「『赤井はプロのジムで練習しとるからや。プロはアマほどナックルパートを当てることを重視してへんもんで、だから癖になっとる』と。『赤井も大学に行ってオリンピックを目指すなら、意識してその癖を直さんとアカン。お前もそのことを意識してミットを持たなアカンぞ』と」

閉会式の後、帰り支度を始めた森のもとに赤井が近づいてきた。

「『ねぇねぇ、スマンけど俺の試合を撮ってへん?観て確認したいんや。オープンブローやったら、あんなにダメージを与えられんやろ?ちゃんとナックルが当たっとると思うんや』っと。会場内でカメラが目立っていたんですね」

森は撮影していなかったことを告げると、赤井は残念がった。

「そこで糸川先生の言葉を伝えたんです。うちのコーチがこんなことを言ってましたよ、って。そしたら赤井さんは真剣な顔で聞いてくれて『そうか…おおきに。教えてくれてありがとな』っと」

多治見への帰路、森は糸川に赤井のことを話した。

「糸川先生も喜んでいましたね。『ほうか、それほど貪欲なら、赤井はきっと強うなるよ』っと」

１９８４（昭和59）年に多工ボクシング部に入部した小澤智晃が真剣な表情で言う。

「まず、何よりも初めに感謝申し上げたいのは、糸川先生に正しいボクシングを教えて頂いたということです。勝つことは最終目標ですし、勝ったほうがいいに決まっていますが、糸川先生にはスポーツとして、勝つこと以上に大事なことがある、と教えて頂きました」

大学でもボクシングを続けた小澤は、後になって更に糸川の正しさを実感したという。

「走ることを中心に基礎体力を鍛え、基礎の技術をしっかり身に付け、それからテクニックを教えて頂く。段階を踏んだ上でリングに上がる。成長期の少年に技術だけを求めてしまうと〝壊れて〟しまう。私は先生のおかげで〝壊れ〟なかった。ボクシングというこれだけ激しい競技を経験しながら、そして今もこうして生活を送らせて頂いているのです」

小澤の高校時代の記憶の中の糸川は「背中を向けたまま話をする先生」。背後から声を掛けても振り向かない。ただし、誰が声を掛けてきたのか、間違えることがない。

一方、試合前は必ず眼を見てキツい顔をして指示を出した。口調は穏やかだが目は鋭い。

「多工ＯＢで当時コーチだった加藤保さんは大声で怒り、檄を飛ばす方でした。大人が２人以上怒ったら高校生の選手は潰れてしまう、と糸川先生は思われたのでしょう」

バランスとタイミングを見極めて話す糸川のもうひとつの特徴を、小澤は鮮明に記憶している。

「糸川先生は試合が終われば必ず笑顔。部員の誰に対しても、勝っても負けても、です。そして色々な所に連れて行ってくれました」

鳥取砂丘や金沢兼六園など、その大会の開催地の観光名所は小澤にとって高校時代のいい思い出となっている。

三、多治見工業への人事異動

多工ボクシング部の顧問を長らく務めた小村篤が言う。

「私のような素人がボクシングに携わってくることができたのは、最初に糸川先生と出会ったことですね。人を寄せ付ける性格。面倒見がよく、話し方が魅力的」

小村は昭和45年に多治見工業高校窯業科を卒業、その年の6月から実習助手となった。そしていくつかの運動部の顧問を担当した後、昭和53年にボクシング部の副顧問に着任した。野球少年だった小村はスポーツ好きだが、それまでボクシングとは無縁だった。

「当時、多北高に在職しておられた糸川先生は、多工の部員に対しては技術指導に特化していましたね。役割を明確にして一歩下がって接し、多工の先生方を立てていました」

１９６３（昭和38）年の創部から部長を務めた安藤貞男は激情家。精神面において厳しい声を発してハッパを掛ける。副顧問の東好昭は柔和で温厚そのもの。そして技術面を担う糸川は冷静で的確な指導。絶妙なバランスを取った３人だった。

その部長の安藤は全国でも珍しい窯業科の絵付けの教師。ボクシングの競技経験がなかった。多工の部員だった加藤博昭が回想する。

「安藤先生は『ボクシングは人と殴り合うスポーツ。殴られれば痛いだろ?相手だって痛いんだ。だから優しい人間にならなきゃ駄目なんだ!』と。練習中は激しい口調で厳しいことを言う。でも練習から離れるとボクシングに関係ないことばかり話して部員たちを和ませるんです」

　1980（昭和53）年の初頭、糸川は岐阜県の保健体育課から電話を受けた。定年退職を迎える安藤貞男の後任が決まらないため、多工ボクシング部が廃部になりそうだという。

　糸川が回想する。

「必死で抗議したんやな、『あかん、そりゃアカンよ！多工は強化指定校やから廃部にしたらアカンよ！』と。そしたら保健体育課の職員が『じゃ、糸川さん。あんたが異動するか？』と言うてきた」

　俺が受けなきゃしょうがない。他に選択肢が無い糸川は応諾した。

　そして3月。人事異動の内示が出たところで糸川は多北の校長室に呼び出された。

「校長が言ったんや。『糸川君、この異動は何だ？勝手なことをされたら困るじゃないか！』と。『えっ、県の保健体育課から連絡が行ってないんですか！』と驚いたら、『聞いとらんよ、そんなこと！』」

　岐阜県の保健体育課の完全なミスだった。保健体育課側は人事権を持つ校長にひたすら詫び、糸川も懇願し、何とか異動を認めてもらった。

　その一方、保健体育課は「多北のボクシング部も存続させる」ことも糸川に課した。糸川は生徒会業務を一緒に担当した美術教師に頼み込み、顧問を引き受けてもらった。

「ただ、その美術の先生からは『大会の手続と部員の引率はやりますが、指導はそちらでお願いしますよ』と。それはしゃあないわな」

　1979（昭和54）年に多北全日制に入学した校條博光は、そんな糸川の急な異動の煽りを受けたひとりだ。2年生となってインターハイ予選に挑もうとする矢先、糸川が多北を去った。現在は岐阜県の審判員を務める校條が回想する。

「放課後はほぼ毎日、多治見工業へ通ってましたね。1.5キロのロードワークです」

その甲斐もあり、校條は2、3年時にインターハイと国体に出場した。

その校條が忘れられない記憶は2年生の夏、インターハイから戻った多治見駅前での出来事。多工、多北の選手らと談笑しながらバスを待つ間、校條は軽くシャドーボクシングで身体を動かしたところ、いきなり糸川の平手打ちが飛んできた。

「いきなりバチーンと。あまりに突然のことで言葉が出なかったです。すると糸川先生が『こんなところでするんやない！』と」

この時のことは糸川も記憶しており、苦笑いしながら回想した。

「ボクシングは不良がやるもの。当時、世間からはそういう偏見の目で見られていたんやな。だからバレてしまうと…。せっかく大会から帰ってきた時やったからなぁ」

四、〝日本一〟を目指した個性派たち

①〝ローカルファイター〟加藤博昭

１９７６（昭和51）年に多工に入学した加藤博昭は、1歳上の兄が在籍していたボクシング部に入部した。兄の姿に憧れていたが、その兄は突如、学校を中退してしまった。

現在、愛知県でプロのトレーナーとしてボクシングに携わる加藤が回想する。

「両親は激怒しましてね。『中退したのはボクシングなんかやっとったからや！博昭もそんなもんやっとったらダメや！』と。そして怒鳴り返したんです。『絶対に辞めん！俺はボクシングを続けて名を残してやるぞ！』って」

加藤は小さい頃から反骨心が強かった。理由は本人にもわからない。ただ親の猛反対に意地になった。

そんな加藤にボクシングの基礎を指導したのが糸川だった。

「〝自分で考える〟ことでしたね、糸川先生の指導の大きな特徴は。先生はミットを受けている時やサンドバッグを支える時、部員に檄を飛ばしながら問いかけるんです。『君の長所はなんだ？』『俺はパンチが強かったから、当てれば勝てた。だが君らはそうじゃなぁやろ？じゃ、どうしたら勝てる？』と」

軽量級の加藤に対して、糸川が求めたのは手数だった。

『博昭、手を出せ！とにかく打ってみろ！手を出せばレフリーが止めてくれる！』っと」

しかし、むやみに手を出すだけではいけない。競技として正しい基本を身に付けるよう、糸川は指導した。両手のガードを高く上げて背筋を伸ばすアップライトの構え、スムーズに連打を繰り出すための身体のバランス、打ち合いを勝ち抜くための防御など。

「日常生活でも考えて工夫しましたよ。ボクシングで古くからの格言があるでしょ？『左は世界を制する』。実践するには手先の器用さが必要だと思って、利き腕と逆の左手で箸を持ったりしました」

加藤が初めて挑んだ試合は1年生の8月末、岐阜県総合体育大会だった。相手は岐阜工業高校定時制の杉本和行という3年生。この直前に行なわれたインターハイにバンタム級で出場した実力者だった。ボクシングを始めてから日の浅い加藤にとって2学年の差は大きく、明白な判定負けを喫した。

「試合後に糸川先生に言われたんです。『強い者と闘って負けて覚えることは多くある。次に何をやったら勝てるのか、考えなきゃならんよ』っと。それまで以上に前向きに、必死に考えるようになりました」

それから1年後、2年生になった加藤は〝4年生〟杉本と2度の対戦の機会を得る。6月のインターハイ岐阜県予選と、８月末の岐阜県総合体育大会の決勝戦。いずれも加藤は臆することなく攻めた。しかし、いずれも僅差の判定負けだった。

杉本に３度目の敗北を喫した翌月、静岡県で行なわれた国体の東海地区予選のこと。代表チームから漏れた加藤は応援のために会場に出向いた。糸川が運転する車に同乗し、多工の部員らと共にワイワイ、気楽な一日となるはずだった。しかし、試合会場に着いて暫くすると状況が一変した。

「糸川先生が血相を変えて走ってきたんですよ。『おい、加藤！お前が試合に出ろ！今から15分で体重を落とせ！』っと」

定時制の４年生の杉本が国体ルールの年齢制限に抵触し、出場できないのだという。国体ルールが改定されていたことを岐阜県の関係者は見落としていた。

「バンタム級のリミットまで１キロちょっとありましたし、試合の準備なんかしていないですから。『そんな、無茶ですよ！』と言いましたけど、糸川先生が他の選手たちに『おい、加藤に道具を貸してやれ！』って」

加藤は糸川の指示で集められたジャージを重ね着し、残暑厳しい屋外の階段でダッシュを繰り返した。更に縄跳びと糸川を相手にミット打ち。幸い狙い通り汗が絞り出され、加藤は無事に計量をパスした。

そして息を付く間もなく試合の準備に取り掛かった。試合用のランニングシャツとトランクスはもちろん、バンテージやマウスピースも借り物。当時のマウスピースは薄くて白いゴム製の規格品で、選手間の使い回しも可能だった。

「ほんと、メチャクチャ。高校生にそんなことさせたら、今なら問題になってるでしょう」

慌ててリングに上がった加藤の動きは本来のもの

ではなかった。それでも三重県チームから貴重な判定勝ちを収め、岐阜県チームの国体の本選出場に貢献した。そして加藤はこの経験をきっかけに、ますますボクシングが面白くなった。

「高校生ですからね、成功体験があれば、どんどん自信を持ちますよ。考えて練習することも楽しくなってきますしね」

翌年の夏、3年生の加藤は福島県で行なわれたインターハイに出場、多工で初となる3位入賞を果たした。直前の強化合宿で虫に刺された左ふくらはぎが化膿して激痛に苦しみ、開会前日に現地の町医者で切開手術を施して乗り切った中での快挙だった。

「私の場合、何かアクシデントがあった方がいいのかもしれませんね。余計なことを考えずに集中できましたから」

加藤は卒業後、愛知県安城市にある自動車部品のメーカーに就職した。会社近くの独身寮に住んで夜勤のシフトもこなす。週に1、2回、職場のサッカーチームで汗を流すことが日課になった。

就職から1年が経過した1980（昭和55）年6月、職場の同期生・川口登から声を掛けられた。加藤が回想する。

「川口が申し訳なさそうに『加藤、ちょっと一緒に緑ジムに来てくれんか？』と言うんです。どうも緑ジムの会長に『うちの職場にインターハイ3位になった奴がいる』と話したら『すぐに連れてこい！』と言われたようで」

川口は鹿児島県の出水工業高校でボクシング部に在籍し、加藤と同じインターハイにウェルター級で出場していた。その川口が独身寮から近い、名古屋市緑区にある緑ボクシングジムに通い始め、プロデビューすることを決めていた。

ボクシングはもうコリゴリだと思っていた加藤は

川口の顔を立てるため、渋々緑ジムへ出向いた。すると会長職を引き継いでまだ3年足らずの若い松尾敏郎は、加藤を見るなり活力ある声で言った。

「『どうや、来月から新人王予選が始まるから出てみんか?今ならまだ間に合うぞ!』と言われまして。でも高校を卒業してから全く練習していないと断ったんですが、『大丈夫や!インターハイ3位だったら、練習しなくても楽勝だ!すぐに勝てるぞ!』っと」

加藤は半信半疑だったが、熱心な松尾に促されているうちにヤル気になった。

そして松尾の言葉は正しかった。高校で身に付けたテクニックは新人のレベルから頭ひとつ抜き出ており、加藤はこの年の中日本新人王を獲得、最優秀選手として表彰された。

そして加藤は再びボクシングにのめりこんだ。程なく川口とともに勤務先を退社し、松尾に勧められた緑ジムの近くにある鉄工所で働くようになった。


加藤が飛び込んだ環境は、プロボクシング界の中でも異質だった。まず、デビュー戦の記憶と記録が一致しない。

「デビュー戦は8月半ば、緑ジムのリングでやったんです。『中日本新人王予選の4回戦』と言われて、ちゃんと計量もしましたし、レフリーもジャッジも付いて…」

結果は判定勝ちだったが、当時のボクシング専門誌にも、日本プロボクシングコミッションが発行する年鑑にも記録の記載がない。

そしてデビューから1年半後のプロ9戦目は東京で行なわれた世界タイトルマッチのセミファイナル10回戦だった。興行の主催者発表によれば観客は1万人。ただ加藤は落ち着いていた。

「高校の時はふだん練習している多工のリングが試合会場になりましたし、インターハイや国体の騒がしい中でも経験しましたから。どんな環境であろうとも相手は一人で、やることは一緒ですよ」

その世界戦の前座は接戦の末、判定負け。

「後日、人づてに聞いたんです。リングサイドで観戦していた千代の富士さんが『加藤の勝ちだよ』とおっしゃっていた、と。あの筋肉質の、私の大好きな横綱！ホント、嬉しくなりました！」

ただこの試合は〝ローカルファイター〟加藤のプロ生活を象徴する試合でもあった。

興行であるプロボクシングの試合には、主催する側に属する〝ホーム〟の選手と、相手として呼ばれる〝アウェイ〟の選手とが存在する。興行力が弱かった当時の緑ジムにいた加藤は常に〝呼ばれる〟立場の〝アウェイ〟の選手。全国各地のリングで〝ホーム〟の選手を相手にする試合が続いた。そして〝アウェイ〟の加藤が闘わねばならないのは対戦相手だけではなく、プロのリングを覆う〝理不尽〟全てが敵だった。相手の攻勢にだけ湧き上がる観客。相手の反則には緩く、加藤には厳しいレフリー。試合を優位に進めても厳しく採点するジャッジ。加藤は1年半の間に6連敗を喫した。

ただ、加藤の心は折れなかった。

「なんでなんですかねぇ、ボクシングに関してはいつも前向き。高校時代に糸川先生に言われた通りですね。『強い相手に負けて学ぶことが多い』と。岐阜工業の杉本さんに連敗した時と同じ気持ち。次はどうしたら勝てるか、もっと攻撃を変えてみよう、とか…」

加藤はプロに転じて以来、多工ボクシング部や糸川とも接する機会もなかった。また当初、同じボクシングでのプロとアマは別物と考えていたが、キャリアを重ねるにつれ、共通する基本の重要性を実感したという。

「糸川先生の指導の中で後から理解できたことも多かったんです。高校時代にきちんと基礎を教えてもらったのがよかったんですね。正しかったんだ、と改めて認識しました」

そんな加藤に日本タイトルマッチに挑戦する機会が巡ってきた。デビューから4年が経過した1984（昭和59）年7月、大阪で行なわれる渡辺二郎の世界戦のセミファイナルで、日本王者・勝間和雄への挑戦者に指名されたのだ。

糸川が回想する。

「多工のOBから相談があったんやな。加藤が日本王者に挑戦するんで、是非応援してやってくれませんか、と。そりゃめでたい、日本一に挑戦する選手に後援会くらい無きゃあかんよ、って」

糸川は快諾したが、教員という公務員かつアマチュアボクシングに携わる立場上、率先して表に出る訳にはいかない。そこで加藤の同級生やボクシング部OBに声を掛けて音頭を執ってもらった。幸いにも、ボクシング部OBで昭和23年の国体に多工から初めて出場した水野太三が加藤の父親と同じ職場という縁があった。

この時点で試合まで1ヵ月を切っていたが、動きは素早かった。試合の2週間前の日曜日、加藤の地元である土岐郡笠原町（後に多治見市と合併）の消防会館で後援会の発会式を兼ねた激励会を開催した。会に集まったのは町長ら200名。

加藤が回想する。

「ホント、すぐですよ。あんな急なのにありがたい話でした。そして、糸川先生から『後援会の皆さんにサイン色紙くらい書け！』と言われて、色紙500枚にサインしましたよ」

そして試合当日、糸川ら後援会80名はバス2台で大阪の会場に駆け付けた。糸川にとって、プロボクシングの会場に足を運ぶのは大学時代に後楽園ホールに行って以来で、教師になって初めてだった。

「へえー、こんな広い会場でやるんか！、と、まず驚いた。1万2千人収容できる、とか言っとったかな。世界戦の会場は初めてやったし」

糸川ら応援団が見守る中、試合開始から激しい展開となった。加藤は鋭い踏み込みから左ジャブとフック、右ボディストレートをヒットさせて好調なスタートを切ったが、2回2分15秒過ぎ、勝間の得意の右ストレートをアゴに受けダウンを奪われた。しかし立ち上がった加藤は果敢に打ち合い、そのラウンドの残り10秒、渾身の右ストレートを勝間のアゴに打ち込むと、勝間はヒザが折れて腰が落ち、キャンバスに右手をついた。しかしレフリーはこれをスリップと判定。セコンドの松尾らは抗議の声を上げたが覆ることはなかった。

加藤が回想する。

「ダウンで奪われたポイントを取り返したと思ったら…完全にパニックになりました。ここはレフリーまで敵か！自分以外の全てが敵か！と。カッとなって思考能力を無くしてしまいました」

続く3回からポイントを挽回すべく、加藤は更に積極的に打って出た。手数を増やす加藤と右の強打で迎え撃つ勝間。両者による激しい打撃戦が繰り広げられ、互いに何度もクリーンヒットを決めてグラつかせる一進一退の攻防が続いた。

しかし6回に入ると加藤の手数が減り、動きに切れ味が無くなった。

「ポイントを取り返そうと気負って、ペース配分も何もかも忘れてしまったんです」

そして7回、加藤は勝間の強打を浴びてマットに沈んだ。

「それまでずっと心掛けてきた〝考えるボクシング〟を忘れてしまったんです。全てはカッとなった自分が悪いんです」

このタイトルマッチの後、加藤は九州、四国、韓国などで6試合のキャリアを重ね、白星と黒星を交互に繰り返す。唯一の海外遠征となった韓国の試合では世界ランカーの呉張均から右ストレートでダウンを奪った。

そして1986（昭和61）年、25歳で現役を退いた。ボクシングに対する意欲が衰えた訳ではない。父親が脳梗塞で急死し、母親から実家に戻るよう懇願され、断り切れなくなったからだ。

そして加藤が再びボクシングの世界に身を投じるのは、これから10年の歳月を要することになる。

②〝師弟対決〟高橋宏和

昭和50年代前半まで、入学直後の1年生もボクシング競技のインターハイ予選にエントリーすることができた。もちろん、競技を始めて2ヵ月あまりの新入生がまともな試合をできる訳も無く、そのほとんどが一方的に打たれて敗退した。上級生たちはそんな新入生たちに「まあ、ボクシングを始める〝儀式〟みたいなものだ」と平然と声を掛けた。

ただ、例外もいた。1977（昭和52）年に多北全日制に入学した高橋宏和は、減量を行なわずにエントリーしたライトミドル級に対戦相手がいなかった。〝儀式〟を経ずして岐阜県の認定王者となり、多北ボクシング部として初のインターハイ出場が決まった。

現在、東京に住む高橋は苦笑いしながら40年前を振り返った。

「ほんと、嫌で、嫌で。恥ずかしいし、自信もない。本当にいいのかなって」

しかし、結団式など代表チームの関連行事はすぐに始まった。

「だから逆らえないし、どうしょうもない。自分の意思は何も無く、周りに従うだけです」

高橋は他の同級生と比べて少し遅れての入部だっ

た。5月中旬、先に入部したクラスの友人から聞かされた糸川の存在に興味を抱いた。

「まさか県立の進学校で全日本王者に教えてもらえるなんて、考えもしないでしょ。いったいどんな練習をするのかと…」

しかし高橋は入部直後に少し拍子抜けした。糸川が最初に教えたのは構えとジャブ、右ストレートだけ。部員たちはロードワークなど基礎体力強化のトレーニングはほとんどやらない。代わりに毎日のように多工へ連れていかれた。

「上級生は嫌がっていました。『行けばやられる』と」

ただ糸川は愚直だった。

『勉強もボクシングも一から始めるもの』『センスのない初心者でも一人前にする』と情熱をもって選手に向かっていました。〝糸川イズム〟というなら、こういう姿勢でしょうね」

高橋の〝儀式〟は他の新入生に遅れること1ヵ月、東海大会の1回戦だった。相手は三重県代表の3年生。試合開始から一方的に打たれ、2ラウンド終了までに3度のダウンを奪われた。

高橋が回想する。

「2回終了時のインターバルで糸川先生に弱音を吐いたら、『最後やで！もう1ラウンド頑張ってこやぁ！安心したらええよ。危なくなったらタオルを投げるから！』と」

そう言ったものの、糸川がタオルを投げてくれるような気がしない。仕方なく高橋はがむしゃらにパンチを繰り出した。まだ初心者の、お世辞にも洗練されたものではなかったが、そのうちの一発が相手の顔面を捉え、レフリーはスタンディングダウンを宣告した。

「判定で敗れましたが、糸川先生は『ようやった！よう頑張りゃぁた！これで自信をもってインターハイに出たらええよ！十分やでね！』

高橋は部活を最後まで続け、3年連続でインターハイに出場した。2年時には5位入賞を果たした。しかし、高橋は充実感を得られなかった。

「3年生のインターハイでは本気で優勝を狙っていたんですが1回戦で敗退。くやしかったですねぇ。競っていた三重県の選手が準優勝したものですから…ボクシングをやり切ったという実感を得られなかったんです」

また勉強の成績も思うように上がらなかった。そして大学受験に失敗し、浪人生となった。

受験結果が出た後、高橋は学校の体育教官室で糸川に報告した。

「糸川先生は一瞬だけ残念そうな表情を浮かべたんですが、物静かな口調で『頑張ればできるはず。あんたやったら、やればやるだけ、頑張っただけ、何でもできるはずやでね』と」

ただ、高橋はこの言葉を素直に受け入れることができなかった。高橋が振り返る。

「拗ねた少年だったと思いますよ、当時の私は。自分に自信が持てず、人の助言にも素直になれず…」

高橋は予備校に入学すると、名古屋市内のボクシングジムに通い始めた。帰り道に身体を動かすという軽い気持ちだった。

そんな生活が2ヵ月過ぎた頃だった。

「ジムのトレーナーに言われたんです。『お前、プロデビューして新人王戦に出てみないか？お前くらいのレベルがあれば楽勝だぞ！』と」

高橋は慌てて断った。だがこのトレーナーの言葉に違う思いが込み上げてきたという。

「プロのトレーナーが評価してくれた。もちろん、社交辞令かもしれませんし、自分がプロでできるとは思えなかったですが、もしかしたら、糸川先生に教えてもらったボクシングは自分が思っている以上にレベルが高く、そして自分は高校で凄いことに取り組んできたのではないか、と」

いかん、こんなことをやっている余裕はないはずだ。そう感じた高橋はジム通いを止めた。

「大学でもう一度、ボクシングをやる。糸川先生と同じく関東大学リーグ戦のリングに上がり、全日本選手権で優勝を目指してみよう、と考えたんです」

それから受験勉強に全力で取り組んだ高橋は早稲田大学理工学部に合格、ボクシング部の門を叩いた。

高橋の大学生活は全てボクシングを中心としたものだった。ロードワークと夕方の練習に都合がいい下宿を選び、日々の食事も自炊に拘った。専攻した土木学科では長時間に渡る実験も課せられたが、研究室の仲間に任せて練習に向かった。

一般入試での入学であったことから初年度の選手登録が間に合わず、基礎練習をじっくり取り組んだ上で2年生から試合に出場した。高校では経験しなかった減量に取り組み、インターハイに出場した階級より2つ下、奇しくも糸川と同じライトウエルター級でリングに上がった。

1982（昭和57）年秋、高橋は初めて全日本選手権の予選に挑んだ。この当時は県予選だけで本戦への出場権を得ることができた。もちろん、糸川が高橋のセコンドについた。

「その試合前の検診の時ですね。対戦相手のセコンドが大会役員に言ったんです。『すまんけど、試合のグローブを8オンスじゃなくて12オンスにしてもらえんかな?うちの選手は初心者だから、じゃないと壊れちゃうよ』って。驚きましたよ。おいおい公式戦なのに勝手にルールを変えてもいいのかよ、と」

しかし、大会役員は即座に認めてしまった。

「横で聞いていた糸川先生も顔色を変えず、何も言わないんです。拍子抜けしました」

高橋は審判団に指定されるがままに12オンスの

グローブをはめ、順当に勝利を収めた。

また国体出場も目標のひとつ。セコンドにつく糸川は岐阜県チームの貴重な戦力として高橋に高いレベルを要求した。その国体の東海地区予選でのこと。高橋は全国大会の優勝経験を持つ強豪と対戦することになった。

「糸川先生が檄を飛ばしたんです。『いいか！相手はまぐれでチャンピオンになったんや！勝てる！一ラウンドで倒してこい！』と」

高橋はこの指示に従い、試合開始から積極的に攻めた。好調な滑り出しであったが、ラウンドの終盤、相手のカウンターを食らって主導権を握られた。

「インターバル中に『先生が攻めろ、って言うからカウンターを食っちゃったじゃないですか！』と文句を言ったら糸川先生も熱くなりまして『お前、文句を言う元気があるんやったら、もっと手を出して倒してこい！』と」

高橋は残りのラウンドも必死に手を出し続けた。しかし、試合は判定で敗れた。

「岐阜県チームの関係者は善戦を評価してくれたんですが、糸川先生は不満だったんですね。『汗をかき過ぎ！水分の取り過ぎや！』って」

2年生から選手登録を行なった高橋は大学を1年留年し、4年間の選手生活を過ごした。その間、日連が発表する年間ランキングで3位になったこともある。全日本選手権には3回出場し、〝日本一〟に挑んだ。しかしその行く手を阻んだのは3人のオリンピアンだった。

まず一人目は幻のモスクワ五輪代表・副島保彦。サウスポーの卓越した技巧の前に、高橋のパンチは紙一重でかわされる。いくら攻めても副島の体軸がまったくブレない。そして「全く見えなかった」左ストレートを顎の先端に撃ち抜かれ、高橋は膝から崩れ落ちた。

二人目はロサンゼルス五輪代表で後のプロボクシング世界王者・平仲明信。桁外れの強打を持つ平仲に対し、高橋はアウトボクシングに徹した。序盤でカウンターの右アッパーを平仲の顎に決めたが、平仲は何事もなかったかのように平然と前に出てくる。ガードの上から伝わるパンチは経験したことのない衝撃。高橋はクリーンヒットを許さなかったが、判定は平仲の攻勢を支持した。

そして三人目はソウル五輪代表で生涯218勝を記録した三浦国宏。高橋は最終ラウンドまで粘った。しかし試合終了直前、長身の三浦が繰り出した左フックを耳後ろの三半規管に受けて動きが止まり、レフリーにストップされた。

高橋は回想する。

「でも、この平仲さんと三浦さんの試合は私のベストファイトです。競技生活において、私の最高地点。この試合は糸川先生に観てもらいたかったですね」

高橋には忘れられない思い出がある。1985(昭和60)年11月、最後の出場となった全日本選手権の開会式前夜。同じく出場する多北の後輩・校條博光とともに宿泊していた山梨県昭和町の宿舎に、糸川が独りで現れた。

「来るとお聞きしてなかったんです。『あれ、先生！どうしたんですか？』って尋ねたら『明日は学校があるで、今日しか来れんから。すまんな。まあ、頑張りゃあよ』と一言だけおっしゃって、すぐ車を運転してお帰りになったんです」

多治見市と山梨県昭和町まで中央高速道路を通って250キロ、所要時間は約3時間。糸川は多工の授業を終えてから宿舎に向かい、そして翌日の授業に備えて帰路に就いたのだった。

高橋は早稲田大学を卒業後と同時に土木関係の企

業に就職するが、一年半後に都内の貿易会社に転職した。その転職先の貿易会社を興したのは１９８０年代初頭に活躍した元・人気プロボクサー「風来ゆうと」こと小木曽真一。高橋と同い歳で、１９７７（昭和52）年に多工ボクシング部に入部した選手だった。

小木曽は中学時代、自宅の近所の司法書士が事務所に設置したボクシングの練習器具を使ってトレーニングに励んだという。そして多工ボクシング部に入り、1年生では「1勝2敗」という成績を残した。しかし、1年生の修了時に退学、栃木県今市市（現在の日光市）に移り住んだ。

転居先にあった新興のボクシングジムに入門した小木曽は、住み込み同然で練習に打ち込むと才能が大きく開花した。その年の秋、国体の少年の部に栃木県チームのライトフライ級代表として出場、団体戦のポイントゲッターとして優勝に貢献する。更に1ヵ月後の社会人選手権で17歳7ヵ月という史上最年少での優勝を飾った。

そしてジムが東京に移転したのを機にプロボクサーとしてデビュー。後に内山高志ら世界王者を輩出する「ワタナベジム」の最初のスター選手として活躍した。

その小木曽が貿易業を始めたのは、まだ現役ボクサーとして活動している時だった。きっかけは旅行先のメキシコで購入したプロレスのマスク。現地では日本円で３０００円相当の品が、ブームに沸く日本で1万円を超える値で飛ぶように売れた。その流れでメキシコのボクシング用具メーカー『レイジェス』の日本代理店に契約、更にはタイのボクシング用具やバドミントンシャトルの輸入を手掛けるなど、ビジネスを拡大した。

糸川が小木曽と再会したのはインターハイの会場だった。糸川が回想する。

「小木曽から『先生、お久しぶりです』って。『おお、小木曽か！ここで何をしてんの？』って聞いたら『ビジネスに来ています』って」

糸川の中で小木曽は「やや変則的なスタイルだが、スピードある豊かな才能の子」と記憶していた。ただ、多工を中退した後の活躍に気づいていなかった。

「『高橋と一緒にやっていて、銀座で豪遊しています』と。全然知らんかった」

糸川は小木曽の名刺を受け取り、後日、ボクシング用具を購入した。

一方、高橋は結婚を機に将来を考え、資格業を目指すことにした。そして「今から取得できて、最も稼げる資格」として選んだのが不動産鑑定士。妻の実家がある東京・調布市で開業した。

仕事も順調だった48歳の時、身体の変調を感じた。手先の痺れが治まらない。手や足の関節に抵抗を感じる。複数の整形外科に受診したが、原因が判明しない。

「そこで神経内科を受診したら、パーキンソン症候群だということでした。私の認識では、パーキンソン病といえばあのモハメド・アリが侵された病魔。ボクシングの影響が出てしまったのか、と」

高橋が回想する。

「しかし、診断した医師は否定したんです。『よく言われるんですけど、アリさんの場合でもパーキンソン病とボクシングの影響の直接的な関係を証明できていないはずです。仮にボクシングの打撃によるダメージが原因でしたら、画像のどこかに現れるはずなんです』と」

パーキンソン病は中脳の黒質にあるドーパミン作動性神経細胞が障害されてドーパミンが減少して起こる病気で、原因は不明。医師の説明によれば「誰にでも訪れる、加齢による心身の動きの低下が早まっただけ」ということだった。そして「身体を動かさなければ病気の進行が早まってしまう」として、運動するよう助言された。

高橋は考えた。やり残していることは何か。この先、何が残せるか。そして決めたのは、母校・早稲田大学ボクシング部の監督を引き受けることだった。

高橋は自ら留年を決めた5年生のシーズンからボクシング部のコーチの肩書をもらっていた。そして卒業後も部に顔を出し、コーチを続けていた。

「自分のリハビリを兼ね、ミットを受けたり、身体の調子が良い時は部員のマスボクシングの相手をしたりしました。学生はやりづらかったかもしれませんね」

高橋は苦笑する。実際、部員のパンチにミットが追い付かないこともあった。マスボクシングで誤って被弾し、肋骨3ヵ所にヒビが入ったこともあった。

そんな中、2010（平成22）年に糸川が中央大学のボクシング部監督に就任し、関東大学リーグの二部で〝師弟対決〟が実現した。

「詳しく調べた訳ではないですが、高校時代の恩師と教え子が監督同士で対戦するなんて、関東大学リーグの歴史の中でも例がないんじゃないですかね？」

糸川率いる中大とは4回対戦したが、いずれも敗戦だった。そして糸川の退任とともに〝師匠超え〟は叶わぬものとなった。

「それは仕方ないです。でもこうして指導を続けることが恩返しになると思っているんですけどね」

③〝料理はボクシング〟小澤智晃

1984（昭和59）年に多治見工業高校に入学した小澤智晃は、中学生の頃から料理人の道に進むことを望んでいた。

現在、名古屋市内でフランス料理店を経営する小澤が回想する。

「両親は『どうしても高校だけは』と進学を強く勧

めたんです。じゃ、ボクシング部のある学校へ、と」

テレビで観たプロボクシング世界王者・渡辺二郎に憧れていた。小柄ながらも中学のバスケット部ではレギュラー、体育の成績は〝5〟だった小澤は自分にもできるような気がしていた。

「両親は反対しましたね。『やめなさい、絶対に身体が壊れる！』と。しかし、高校に進学するということで渋々認めたんです」

多工は進学先として唯一の選択肢だった。


入学して間もなく、愛知県の強豪校・享栄高校との合同練習があった。享栄と多工は昭和40年代から合同練習を行なっており、当時、校内に練習用リングが無かった享栄が多工の練習場に月1、2回のペースでやってきた。小澤はボクシング部の上級生から事前に聞かされた。

「享栄の3年生に化け物みたいに強いのがいる、と。後にプロの世界チャンピオンになる畑中清詞さんでした」

畑中の実力は抜きんでており、スパーリングの相手をした多工の選手は例外なくあっさり倒された。

「リングの周りから冷やかしの声が飛んだんです。『おいおい、殴られたくないからワザと倒れてんのか？』と」

そんなレベルの場に、入部したばかりの1年生が加わることなどできない。多工と享栄の新入生は練習場の外に集められ、二人一組になって基礎練習の指導を受けた。そこで小澤と組んだのは、同じフライ級の享栄の新入部員で、後にプロボクシング世界王者となる薬師寺保栄だった。

「薬師寺とはすぐに気が合いましたね。練習後も笑いながらお互いを冷やかしあったんです」

小澤の高校生活はまさにボクシング中心だった。

「糸川先生は『走れ！とにかく走れ！走ることで全

ての体力ができてくる！』と。」

　そして小澤はそれを忠実に実行した。毎朝の通学は自宅から学校まで40分のロードワーク、放課後は部の練習の最初に走り、帰宅後も走る。試合前の減量中には授業を抜け出して走った。

「減量は自分なりに考えながら、計画的に取り組みました。試合までの日数を逆算して『体重を一日300㌘落とす』と決めたり。自宅の風呂ではフタを閉めて湯に浸かりましたし、おふくろが作った弁当は手を付けずに友人にあげたり…」

　小澤が薬師寺保栄と初めて公式戦で対戦したのは3年生の6月、東海大会のフライ級決勝戦だった。この東海大会では小澤は心身ともに充実していた。初戦では三重県代表で前年のインターハイ3位・池田基哉に勝利。そして決勝戦で対戦する薬師寺はスパーリングを通じて特徴を把握していた。

　小澤が回想する。

「薬師寺は長身から繰り出す左ジャブがスピード豊かで多彩でした。また右ストレートはよく伸びて重く、返しの左フックは強烈。ただ私とは身長差があることから、ボディへのパンチはほとんど無いんです。ですから顔面への3種類のパンチを意識しておけばなんとかなる、と」

　小澤は顔面の防御に徹し、十分な対策を練った。そして試合で実行し、狙い通りポイントを重ねて判定勝利をもぎ取った。

「試合後、会場の外で薬師寺と話したんです。彼は『いやぁ、負けちゃったよ。強かったよ』と。そこに三重県代表の池田も加わって盛り上がったんです。『俺たちって、絶対、レベル高いよね？』『インターハイはさ、俺たちの中から優勝できるんじゃないの？』『できる、できる。狙えるよ』って」

　そして自信を持って迎えた8月のインターハイだったが、小澤は1回戦、薬師寺は2回戦で敗退した。

小澤は少し苦笑いを浮かべながら、真剣な表情で回想する。

「試合後、会場の隅で薬師寺と顔を合わせ、『負けちゃったね～』『あー、やっぱり全国は甘くないねぇ』。そして私が『やっぱ、〝勝てる〟と思うと負けちゃうんだね。どんな時でも〝勝とう〟と思わないとダメなんだね…』と言うと、彼も『ほんと、そうだね…』と」

そして2人は会場を出て、近くの自販機で購入した飲料を片手に談笑した。

「『俺はプロになろうと思ってるけど、小澤は卒業したらどうするの？』と薬師寺が聞いてきたんです。『料理人の道を進もうと思ってる。専門学校へいくつもり』と答えたら、『じゃ、ボクシングは高校で終わり？』『そうだね、高校までだね』と」

薬師寺は少しだけ残念そうな表情を浮かべたようにみえたが、理解を示した。

「彼は『でも、どんな世界でも厳しさは同じだよね』と」

インターハイから3週間後、国体の東海地区予選で小澤と薬師寺は再び対戦した。しかし第2ラウンドに小澤の右まぶたから出血、第3ラウンドに糸川がストップを申し出た。小澤は会場から病院へ直行して3針縫った。そして岐阜県チームは国体への出場を逃し、小澤は高校での公式戦を終えた。

夏休みを終えて2学期が始まると、小澤は糸川に呼び出された。小澤が回想する。

「職員室で糸川先生が『おい、薬師寺がお前と対戦がしたいと言ってきとるけど、どうする？』と」

10月に開催される多工の学校祭で、ボクシング部は公開スパーリングを企画していた。これは学校祭の実行委員から提案されたもので、学校としても初めての試みだった。そこで糸川が享栄高校に声を掛け、両校による対抗戦形式で実施することになった。そして薬師寺が小澤とその場でもう一度、3度目の対決をしたいという。

「国体予選以降、練習をしていなかったんですけど『先生、是非、お願いします』と。縫い傷は治っていましたし」

思いがけない誘いに小澤はやる気になった。

「糸川先生は『わかった。享栄に返事しとく。ところでお前、今、体重は何キロや？』。54キロくらいですと答えたら『そりゃ薬師寺に失礼やわ。せめて51キロくらいまでは落とさな』と言われまして」

それから学校祭まで3週間、小澤はできる限りの練習に取り組んだ。幸い減量もうまくできた。

そして迎えた当日。ボクシング部員は練習場のリングを解体、体育館に持ち運んで組み直し、椅子を並べて会場を設営した。在校生や学外から観客が集まり、にぎやかな企画となった。

小澤と薬師寺はこの公開スパーリングの〝メインイベント〟としてリングに上がった。東海大会決勝戦の再現となる両者はスピード、テクニックともに他の選手を上回り、かつ激しい攻防が繰り広げられる展開となって大いに盛り上がった。

そして最終のゴングが鳴り、レフリーは両者の腕を上げた。公式試合と違ってジャッジの採点は無い。会場は大きな拍手に包まれた。

小澤には充実感があった。そしてその一方で別の感情が芽生え、抑えきれなくなってしまった。学校祭の翌週、小澤は職員室へ行き、糸川に言った

「『先生、もう一回、ボクシングを続けたくなりました。どこか大学へ行けないでしょうか？』と。糸川先生は『ばかやろう、何でもっと早う言わなんだ！ほとんどの大学でスポーツ推薦の締め切りは終わっちゃったぞ！』と」

しかし小澤の意思が固いことを確認した糸川は関

東大学リーグを中心に受け入れ先を探し、東京農業大学と話を付けた。

『小澤、東京農大ならいけるぞ』と。ありがとうございます、是非行きたいですと答えたら『もっと早くに言えば中央大を紹介できたんやがな』と」

そこで糸川はボクシング部の合宿所と校舎が近い醸造学科を薦めた。

『じょうぞうって、何ですか？』と聞いたら、『酒とか醤油とかやよ』と。酒や調味料なら料理人としての勉強にもなると思いまして、即答しました」

小澤が回想する。

「〝勝つ〟ということはどういうことか。その重要さ、それに向けた取り組みと執念。大学ではそれを学ばせて頂きました。」

関東大学リーグの強豪・東京農大ボクシング部の日常は過酷なものだった。合宿所の起床は朝6時、毎朝のロードワークは約20キロ。時に30キロに及んだ。ジムワークは夕方から3時間。常に緊張感が溢れていた。

「それは凄まじいものでした。日本一を目指すということがどれだけ厳しく大変なことか、よくわかりました」

そうした環境で鍛えられた小澤は2年生の１９８８（昭和63）年6月、全日本選手権にフライ級で出場、ベスト8まで勝ち上がった。

「その時、わかったんです。私は糸川先生に正しいボクシングを教えて頂いたのだと。〝勝つ〟こと以上に大切なことを教わっていたのです」

小澤は真剣な表情で回想する。

「僕はボクサーとして〝壊れて〟いなかったんです。高校でも〝勝つ〟ことは究極の目的であるけれども、それは一番ではなかったんです。まだ未熟な高校時代に〝勝つ〟ことを最優先にして〝壊れ〟てしまわないよう、先生にはよく見て頂いていたんです」

またインターハイで上位だった選手に勝利を収めた際、実感したという。

「糸川先生は目先の勝利を目的とした画一的な技術指導ではなく、ボクシングがクリエイティブなスポーツであることを教えてくれたのです。自分の頭で考え、工夫する。それを学んでいたからこそ、私は大学で伸びることができたのです」

小澤が出場した全日本選手権は、その3ヵ月後に開催されるソウル五輪の代表選考会も兼ねていた。ソウル五輪は「一国一代表」が採用された最後の大会。小澤は五輪には届かなかったが、この2ヵ月後に行なわれた代表選手の壮行試合の相手役に選ばれ、フライ級代表の瀬川幸雄に対して堂々と渡り合った。そしてこの昭和63年度の全日本ランキング5位に名を連ねた。


小澤はボクサーとしてのピークを迎えつつあった。しかし、ここまでだった。激しい練習と息が抜けない生活の毎日に、身体が悲鳴を上げた。

この夏の終わり、朝のロードワーク中に小澤は気を失って倒れ、病院に運び込まれた。ストレスからくる胃潰瘍。診断によれば、胃に12個の穴が開いていたという。

また減量が小澤を苦しめた。小澤は大学リーグ戦のフライ級の戦力として求められていたが体重維持が困難になっていた。小澤が回想する。

「このままでは絶対に死ぬ。そう思ったんです。怖くなって、逃げよう、と…」

退院後しばらくして、小澤はボクシング部の合宿所から逃げ出した。

「精神的に追い詰められていましたから、当時の記憶は本当に曖昧なんです。まず友人の下宿に身を隠し、その後に多治見に戻ったんですが、何日に寮を出て、どれくらい隠れて、どうやって帰ったのか…次に記憶があるのは、生徒たちが下校した後の多治見工業に着いていたことです」

照明が灯る職員室を覗き込むと、机で作業する糸川の姿があった。

「背後から声を掛けたんです。『糸川先生…』と」

すると糸川は振り向くことなく平然と答えた。

「驚きました。『おっ、小澤か。どうした？』と顔を見ないで。糸川先生は教え子の声を聞いただけで誰だがわかるのか、と。しかも卒業生ですよ。事前に連絡もしてないのに…」

小澤は恐る恐る打ち明けた。

「『逃げてきました』というようなことを言ったんだと思います。何をどう話したのか、また先生も何を言ったのか、ほとんど記憶に残っていないのですが、落ち着いて聞いて頂きました」

小澤の話を聞き終わった糸川が指示したのはただひとつ。

「すぐに大学へ行って、部と監督にちゃんと最後の挨拶をしてこい、ということでした。『ボクシングを続けろとは言わんけど、けじめはつけなアカンよ』っと」

その翌日、小澤は上京して東京農大ボクシング部の寮に足を運んだ。逃げ出したことを詫び、退部の意向を伝えて頭を下げると、主将をはじめ部員たちは受け入れてくれた。しかし、監督の宇士元二はその場にいなかった。部員が電話で連絡したが、宇士は応じてくれなかった。

大学の合宿所を片付け、退学の手続を終えた小澤は、多工に出向いて糸川に報告した。

「部に挨拶してきました、しかし監督には会えませんでした、と。すると糸川先生は『ほうか。でも、それでいいんやよ。挨拶に行ったことが大事なんやよ』っと」

大学中退後、小澤は名古屋の専門学校に通い、1年後に調理師免許を取得した。そしてあらゆる分野に興味を持っていた小澤は、どうせやるなら本場でとことん挑戦してみようと、最初の就職先としてフランス・パリの日本航空系列のホテルを選んだ。そして旅券を取得するために東京のフランス大使館に出向いた後、小澤は東京農大ボクシング部に立ち寄った。小澤が回想する。

「部の皆さんが快く出迎えてくれまして…宇士監督に電話をつないで頂いたら、今度は大きな声で『お小澤か！時間があるか？今すぐ自宅に来い！』と」

小澤は言われるがままに自宅へ行くと、宇士は笑顔で出迎えた。

「『よう来た！まあ、上がれ！一杯やろう！』と。まだ明るい時間帯でしたが、応接間に出前の寿司やウイスキー、ワイン、日本酒が用意されていまして…」

まず杯を交わすと、宇士は上機嫌で話し始めた。

「『ボクシング部のＯＢの中にニューヨーク帰りのシェフがいるぞ。都内のホテルで働いている。そいつの話を聞くといいぞ！』と、電話を掛けたんです。すると電話口で『おい、今すぐウチに来い！ナニ、仕事中？門出の祝いだぞ！こっちの方が大切だ！』と」

暫くすると、呼び出されたシェフのＯＢがやって来て、その席に加わった。

「宇士監督は本当に豪快な方でした。まるで逃げ出したことが無かったかのように、私を快く受け入れてくれました。そして卒業生でない私を今でもボクシング部ＯＢの一人として加えて頂いているんです」

小澤は感謝の言葉を口にする。

「今から思うと、糸川先生に言われて挨拶に出向いたことを評価して頂いたのでしょうね」

小澤が東京農大を中退した数ヵ月後、糸川は大会の会場で宇士と顔を合わせた。糸川が回想する。

『小澤の件でご迷惑をお掛けしました』と言うと、宇土さんは『おお、糸川さん。小澤は挨拶に来たよ。でもね、悪いけど、会わなかったよ』」

糸川は小澤から報告を受けたことを宇土に伝えた。

「『会えなくてもいい、けじめをつけることが大切だ、と小澤に言っておきました』と言うと、宇土さんは『そう、その通り。挨拶に来たことが重要。それが大切なんだよね』と」

パリの日系ホテルで2年間の料理人修業を積んだ小澤は、その後の5年間、日本とフランスを往復する日々を過ごした。繁忙期に合わせてそれぞれのリゾート地に出向き、和洋問わず料理の腕を磨いた。

当時はインターネットが誕生する前。フランス滞在中は伝わりにくい日本の情報を知ろうとせず、日本でも他のことにわき目も振らず、料理に対してストイックに、一途に集中した。

「小澤の料理はまるでボクシングみたいだな、って友人に言われたことがあるんです」

大学を中退した後、薬師寺保栄と名古屋市内での買い物中に偶然再会した。この時、薬師寺はプロボクサーとして活躍中だった。

『これからランチでもどう?』と。積もる話がありましたから、ランチが終わったら喫茶店、夕方になったら居酒屋、最後は薬師寺の実父が経営するスナックに移動して朝を迎えたんです」

小澤は一度だけ薬師寺の試合を会場で観戦した。名古屋で行なわれた世界前哨戦。薬師寺は日系人トレーナー、マック・クリハラの指導を受け、世界挑戦に照準を絞っていた。

「試合前に控室に激励に行くと、薬師寺が私をマックさんに紹介してくれたんです。『マイフレンド、スリーファイト』と」

その後も、小澤はフランスと日本を往復する生活が続いた。そして1994（平成6）年秋、シーズンの仕事を終えて帰国した小澤は、薬師寺が世界王者になっていたことを知って驚いた。しかも次戦が辰吉丈一郎との大一番だという。

小澤はこの一戦を噛り付くようにテレビ観戦した。

「辰吉は私が出場した全日本選手権でバンタム級の優勝候補でした。東京農大でも〝打倒辰吉！〟と叫んでいましたから、何だか自分も薬師寺と一緒に闘っているような気がしまして…」

その後、日本ボクシング史に大きな足跡を残して引退した薬師寺との交流は続いた。料理修業を終えて名古屋市内にフランス料理店を開業した際、コラボレーション企画を依頼したこともある。

糸川が言う。

「〝鉄人〟とかいう番組やったかな？テレビを観とったら、偶然、小澤がテレビに出てきた。道場六三郎と共演しとったぞ。確か、番組の料理対決で勝って、〝日本一〟とか言っとった」

正確には番組名も内容も異なるが、小澤は全国ネット局の料理バラエティ番組に出演したことがある。また道場六三郎らが顧問を務める『超人シェフ倶楽部』の〝一流シェフ〟に名を連ねるなど、料理人として高い評価を得ている。

糸川は小澤の店で何度か食事をした。

『何の仕事でも〝日本一〟を目指すことは大切やでね』とおっしゃってました」

小澤が笑顔で話す。

「糸川先生には少しカッコつけさせてもらいました。『先生、〝世界一〟ですよ。〝世界一〟を目指さなきゃ〝日本一〟にもなれませんよ。世界で戦わなきゃ！』と」

第八章　教員生活のエピソード

一、21世紀型の体育授業

多治見市長の古川雅典は、多北全日制に在学中、新人教師の糸川と知り合った。古川はハンドボール部に所属していたが、練習後に銭湯に行った際、クラスメートのボクシング部員・日比野利信に糸川を紹介してもらった。

「色々なお話を聞かせてもらいました。全国王者の体育の先生ですからね。競技は違えど、全国大会を目指す者として本当に参考になりました」

穏やかな口調で話す糸川から学んだことはスポーツの分野に限らない、と古川はいう。

「強い者には厳しく、弱い者には優しく、という姿勢ですね。今日まで行政にも通じる考えを教えて頂いたと思っていています」

糸川が回想する。

「北高の全日制に異動になった時、生徒の前で宣言したんやね。『俺はこれから21世紀型の体育授業をやるでね』って」

１９７６（昭和51）年、多北全日制に赴任した糸川が宣言した方法は必ずしも指導要綱のカリキュラムに沿ったものではない。四半世紀先を見据えた独自のやり方だ、という。

糸川はまず、８ミリビデオの撮影機材をサッカーの授業に持ち込んだ。ボクシングの指導のために自腹で購入したもので、全体を映し出すことでポジショニングすなわち守備や攻撃の全体像を考えてもらおうとした狙いがあった。

「けど失敗やった。当時８ミリカメラは珍しかったもんやから、生徒たちは映りたぁと思って、逆にボールに集まっちゃった」

　他に試みた施策はグループ活動と自己評価。クラス全体で行動することが基本とされていた中、中大ボクシング部で経験した〝チーム〟を応用しようと考えたのだ。生徒たちをグループに分けて活動計画を話し合わせ、授業後は自己評価と反省をノートに書かせる。教師からの一方的かつ一面的なものではなく、自分で考えて多面的な評価を導こうとする狙いだ。

　こちらはそれなりに手応えがあった。そして多工に異動してからも同様に試みた。しかし、生徒が受け入れなかった。糸川が回想する。

『先生、ノートなんて、無理ですよ！北高の奴らと一緒にしないでくださいよ！』て言うもんやから『「何でやの？字くらい書けるやろ！」と』

　暫くして、糸川は生徒の言い分が理解できた。

「工業の生徒は北高の生徒に比べて文章を書くことに不慣れやったんやな。また体育の後に実習の準備があって、短い休み時間に手が回らんのやな」

　仕方なく、糸川は生徒に自己採点だけ付けるよう指示した。

二、生徒指導のエピソード

　糸川は部活動の時間を考慮して、生徒への生活指導の役割を引き受けなかった。しかし、体育教師には必然的に協力が求められる。長い教員生活でのエピソードは事欠かない。

　多北全日制に赴任していた頃のある日、生徒が下校した後のボクシング部の部室に入ると、天井に小さな穴が開いていることに気づいた。手動式ドリルで開けた穴だ。一階の並びの他の部室を確認してみると、そこにもところどころに穴がある。

「その２階は女子更衣室なんやな」

40年を超える歳月を経て、糸川が苦笑いを浮かべながら回想する。

「しょうがなぁな、と、用務員さんに頼んでベニヤ板を敷いてもらったんやけど、暫くしたらまた穴が開く。いたちごっこやった」

ある日の放課後、ボクシング部の部室をのぞいたら、一人の男子生徒が慌てて椅子から降りた。

「『お前、ボクシング部の部員じゃなぁよな？なんでここにおる？』と聞いたら『あっ、はい、忘れ物をしまして…』と言うもんやから、何の忘れ物があるんや、っと」

男子生徒は黙ってしまった。生徒指導部に伝えたら、おそらく停学処分になる。

「そこで提案したんや。ビンタ一発なら黙っとってやるが、停学とどっちがええか、と」

男子生徒が選んだのはビンタだった。

「よし、わかった。ここで終わり。もう二度と来るんやなぁぞ、って。それでお終い」

多工に異動後、生徒指導の仕事が増えた。ある日、「屋外の女子トイレでタバコの煙が見える」との通報を受け、複数の教師と駆けつけてトイレの出口を塞いだ。

「女性教師に中に入ってもらい、生徒を外に出したら、『先生、ワタシ、タバコなんて持っていないって！』」

女子生徒はしれっとした顔。女性教師は見つけ出すことができなかった。

「『じゃ、ここで屈伸運動をやってみやぁ』って女子生徒に言うてやったら、痛みに耐えかねて白状したんやな」

ある朝、ホームルームで一人の男子生徒の姿が無いことがあった。

「『欠席か？誰か聞いとらんか？』と聞いたら、『先生、これ、これ！負けちゃったんだよ』と」

事情を知る生徒が右手でパチンコを打つ真似をした。毎月納める授業料を使ってしまったらしい。しょうがなぁな。糸川は午前中の空き時間を利用して生徒の自宅へ車を走らせた。

「家にお婆さんがおって、その生徒は部屋に籠ったんやな。外に引っ張り出して『おい、今すぐ学校に出てこやぁ！先生が立て替えやるから』と」

生徒はすぐに支度を済ませて糸川の車に乗った。

「言い聞かせたわな。『今月は仕方なあで、ちゃんと親に話して、来月からはちゃんと納めるんやぞ、と。毎月払っとったら、先生が生活できんくなっちゃうでね』と」

「高校生の頃は教師になるなんて、自分も周りも全く思っとらんかったからなぁ…」

糸川は水産高校を卒業してから体育教師になった珍しいケースだ。糸川にはちょっとした自負があった。

「自分が同じ経験をしとること。自分が悪いことをやっとったから生徒がどうやって隠そうか、わかるんやな。それが他の先生と違うところやった」

もちろん、反発の強い生徒もいた。

男子生徒を激しく叱責したある日、仕事を済ませて帰宅しようとした糸川の車のタイヤがパンクしていたことがある。一種の〃御礼参り〃だろう。ただ糸川は誰がやったのか、探そうとしなかった。

また、糸川は独自の〃最終手段〃があった。手を焼く生徒をボクシング部の練習場に連れて行き、一緒にリングに上がってグローブを手渡す。

「別の先生に〃レフリー〃として立ち会ってもらうんやな。そして生徒に『まず一発、思いっきり先生を殴ってええよ。その次に先生の番。交互に一発ずつやろう』と」

この〝最終手段〟は3人の生徒に対して実践した。そのうち2人は怖かったのだろう、グローブを握って向き合うと泣きながら謝った。ただ残る1人はグローブを受け取った後に頑なに主張した。

「『先生が先だ!·先生から殴れ!·』って譲らなかったんやな。『殴ってみろ!·訴えてやるからな!·』そう言われちゃったら、仕方ない。〝レフリー〟と一緒にリングから降りたよ」

この前者の泣いた2人はその後、改心して卒業した。一方、後者の1人は中退し、後に少年院に送られた、と聞いた。

「結局、素直な性格の子の方が伸びるかな…」

長年の教員生活を振り返っての糸川の感想だ。

三、教師の宿命

ある年度末、ボクシング部の遠征先で多工の教師から連絡を受けた。新学期から3年生のクラス担任になるという。通常では入学から卒業まで、生徒の進級とともにクラス担任も持ち上がる。糸川は、このサイクルから外れた割り当てに疑問を持った。

糸川が回想する。

「遠征先から学校に電話したら懇願されたのよ。『一部の女子生徒がどうにも手に負えんのよ。すまん、糸さん、頼む!·糸さんしか任せられんのよ!·』って。そこまで頼まれたら、しゃあないやんか」

糸川は勇んで引き受けたのだが、確かに手を焼いた。教室での面談では挑発的な言動。校外から連絡を受けて現場へ向かうこともたびたび。水商売でのアルバイトが見つかったこともあった。

そしてある日、その女子生徒は家出した。この時、糸川はその女子生徒の家庭の問題を知った。

「親を叱ったわな。『娘ばかりが悪いやない。アンタらがしっかりせにゃ』って」

3週間後、その女子生徒の所在は思わぬところで見つかった。女子生徒は旅館で住み込みの仲居のアルバイトをしていたところ、体調を崩して病院に運ばれて保険証の提示を求められた。いくら強がったところでも、そこは未成年。病院から親に連絡が入り、家出は終わった。

登校を再開した女子生徒を糸川は叱らなかった。暫くして、女子生徒は唐突に話しかけてきた。

「『先生、明日、髪切ってくるね』って。何があったか知らんが、ちゃんと切ってきた」

宣言通りの髪形で現れた女子生徒に対して糸川は声を掛けた。

「褒めたったよ。おお、スッキリしたやんか。そっちの方が似合うとるよって」

へへへっと笑った女子生徒は、無事に卒業した。

手を焼く生徒は多かった。糸川はできる限りの手を尽くしたつもりだ。ただ、そうした生徒たちでも、卒業時に何も言わないで去る子が多いのも事実である。卒業後に会いに来る教え子は時々いる。その多くは何かの悩みを抱えている。糸川はできるだけ話を聞き、相談に乗る。しかし、暫くすると姿を見せなくなることが多いのも現実だ。悩みは解決できたのかどうか、それもわからない。

「教師の仕事は種を撒き、芽を出すところまでやからね…それに見返りを求めたらアカンのやから」

これも教師の宿命か。糸川は努めて、そう思うようにしている。

第九章　全国高体連ボクシング専門部役員として

一、教師たちの熱意

「糸川君、君はボクシングと学校、どっちが大切だと思ってるんだ？」

糸川が40代の半ばを過ぎた頃、多治見工業高校の校長から詰問された。生徒が春休みに入る3月終盤に全国選抜大会などの仕事で遠方に出向く糸川は、来年度の学校の運営に関する重要な会議に参加できない。

「校長先生、それを私が答えられると思います？聞くのは野暮ですわ」

「では、学校の要職は任せられないが、それでいいのか？」

「ええ、それは仕方ないです」

高校教師になった糸川に中央大学の監督・田中宗夫が求めたものは、単に選手を育成するためだけではない。ボクシング競技の普及や大会の運営の働きも大きなウェイトを占める。

ここで高校のボクシング競技について整理しておこう。

高校の部活動として学校長の許可はもちろん、各都道府県の高校体育連盟すなわち高体連に加盟することが必須である。次いで、試合に出場するためには日本ボクシング連盟すなわち日連に選手登録が求められる。そして審判員は全て日連に属する。そのため、各都道府県から全国まで、高体連主催の大会といえども審判員は日連から派遣される形式が採られている。

あまり世間には知られていないが、夏のインターハイのボクシング競技は日連主催の「全国高校選手権大会」を兼ねている。「高校選手権大会」は1947（昭和22）年から、インターハイは全国高体連に加盟した後の1959（昭和34）年から併設開催となり、現在まで続いている。第1回のインターハイは15の都道府県の参加によって始まり、その後、徐々に参加校が増えた。しかしその一方、指導者の不足や部員の問題行動、学校や地域からの理解が得られない等で休部・減少もあり、設置校の数は一進一退が続いた。

岐阜県はボクシング競技専門部が設置された最古の都道府県のひとつ。糸川は今日まで、多治見市（東濃地区）、岐阜県、東海ブロックと全国の高体連専門部、または日連を含めて計12の役職を歴任した。そのうち、東海ブロック選出の常任委員として全国高体連専門部に関わるようになったのは、多工に異動した翌年の1981（昭和56）年、38歳の時。担当は「強化・普及部」だった。

糸川は回想する。

「曖昧な組織やったと思うよ、当時の高体連は。十分な活動ができとらんかった」

その主な要因として、上位組織である日連の影響が強すぎること、専門部にボクシングの専門的知識を持ち合わせた役員が少なかったこと、体系づけられた組織でなかったこと、等が挙げられる。

「何をするにも日連の指示を仰がねば決まらんし、組織として日連に何も主張できない。そんな状況やった」

検討すべき議題も多かった。高体連専門部の規約の見直し、審判員の育成、選手の健康管理、大会運営のあり方、指導者の養成および指導力の向上など。

「会議は年に数回かやったよ。東京か大阪が多かったけど、交通費はすべて自腹。高体連の予算なんか余裕もなぁし…」

糸川が常任委員に着任した頃から盛んに議論されたテーマの一つに、春の全国高校選抜大会の実現があった。他の競技のような選抜大会を高体連独自で開催したい。しかし、開催の時期や場所、大会の規模、スタッフの確保、財源の確保など、こちらも色々と課題は多かった。

「テレビ局がバックアップしてくれるという話やったけど、開催が決まりかけたら降りちゃったんやね。大会をやるには、どう見積もっても400万から500万くらいはかかっちゃうし…」

日連は乗り気ではなく、交渉には5、6年近くの時間を費やした。高体連本部に相談するも厳しい条件を突き付けられ、断念も考えられた。が、ボクシング専門部は何とか独り立ちしたい一心で検討を重ね、1990（平成2）年3月に第1回目の全国高校選抜大会の開催を実現した。会場は当時の専門部長・一ノ瀬博が所属する大阪・浪速高校の体育館。理想とした、高体連専門部が中心となって運営する大会で、全国の高校ボクシングの関係者は歓喜に沸いた。

「ただ、やってみると色々と難しいことが出てくるやね。3回目から主旨が変わっちゃった…」

次第に時代の流れの影響も大きくなった。高体連にも国税庁の査察が入るようになり、詳細な決算書の作成が求められた。

「元々余裕が無ぁのに、経費削減って言われてもね…」

糸川は振り返って苦笑する。

二、「学校体育」と「社会体育」

1982（昭和57）年春、多工で行なった愛知・享栄高校との合同練習で糸川は驚きの光景を目にした。対抗形式で行なったスパーリングにおいて、多工の3年生をボディブロー一発でKOした享栄の新入生がいた。ライトフライ級の小柄で細身の体格で、練習用の大きなグローブをモノともしない鮮やかな強打。糸川は思わず享栄の指導者に声を掛けた。

「1年生?凄い子がおるんやね!」

直前の3月に、15歳になったばかりというこの選手は、後にプロボクシング世界王者となる畑中清詞だった。

「ボクシングを始めたきっかけ?近所のオジさんに勧められたから、やね。近所のオジさん…そうとしか表現できんわ」

田中恒成を抱えるジムの会長、プロモーターとして今日も活躍を続ける畑中清詞は笑みを浮かべながら言う。名古屋市の北西に隣接する西春日井郡西春町(現在の北名古屋市)で生まれ育った畑中は少林寺流空手道に打ち込み、小学6年時と中学1年時で全国大会を制した。そんな少年・畑中に「近所のオジさん」が勧めたのがボクシングだった。

「『清詞君、そんなに空手を一生懸命やっても1円にもならないよ。似たようなものでボクシングをやったら4回戦でも4万円もらえるぞ』と。俺は1万円札を見たことすらない中学生やったから、すっかりその気になった」

そして「近所のオジさん」がボクシング専門誌で探し出したのが、自宅の最寄駅から名鉄線一本で通うことができる名古屋市の松田ジムだった。

この畑中に対し、ありきたりの質問をしてみた。少年・畑中清詞がボクシングを始めるにあたり、両親は反対しなかったのか?畑中は笑いながら答えた。

「そんなもん無かぁたよ。だって、ボクシングのお蔭でタダで高校に入れたんやから」

松田ジムに来ていた享栄高校ボクシング部の顧問が中学生の畑中の練習を観てほれ込み、授業料免除の特待生を提示した。元々、享栄のボクシング部は1962（昭和37）年に松田ジムの協力で創部した経緯がある。また1983（昭和58）年夏の愛知県での高校総体の開催を控え、部活動の強化に理解があった。

特待生の条件は、練習を松田ジムで行ない、享栄高ボクシング部員として大会に出場するということ。「高校ボクシングやない、常にプロを意識した練習をしとった」

高校生大会の2分×3ラウンドではなく、プロの世界戦の3分×12ラウンドを想定して持久力を高める。ポイント式のタッチボクシングではなく、KOを奪うための強打を追い求める。毎朝5時に起床して通学前のロードワークを欠かさず、相手の強打に耐えうるべく身体を鍛え、高度な防御テクニックを磨く。高校生の常識ではありえないような大きな体重幅の減量を敢行した。将来に向けた経験を積む機会と考えつつ、1年から3年までの全ての全国大会に出場した。

「そりゃ、もちろん、試合には勝つつもりで出てたし、全国の高校チャンピオンになりたかった。でも、勝てんかった。チャンピオンになれんかった…」

高校最後の国体を終えた1ヵ月後、畑中は在学のままプロボクサーとしてデビューする。そして7年後、日本ボクシング史上29人目、中部地区のジムとしては初の世界王座を勝ち取った。

現役引退から3年後の1994（平成6）年、畑中は名古屋市内にボクシングジムを開いた。その1年後、ジムの練習生から初めて高校の全国大会の出場者を輩出する。その第一号となったのは、岐阜県東濃地方にある県立土岐高校に通う林紀仁だった。この林の出場は、糸川ら大会を運営する側として歓迎するものだった。清詞のとこで練習しとるんやったら間違いなぁやろ、っと、糸川も大いに期待した。

ただ、この大会のエントリーの手続は、単純なようで所属の関係がややこしい。ボクシング部が無い土岐高校に通う林は、まず保護者の同意とともに学校に申し出て、部の〃新設〃を認めてもらうことが第一条件だ。その上でなければ県の高体連に出場を申し込むことができない。

一方、高体連側が求めるのは、学校の教員を部の顧問に登録させ、生徒たる選手を引率することのみ。高体連側はその選手の練習状況を把握する必要はない。言い換えれば、これらの「学校体育」の大会に「社会体育」のジムが関わることが無いということ。たとえ林が毎日トレーニングを行なっていようとも、畑中ジムからセコンドを派遣することもできなければ、試合会場でアドバイスを送ることも認められない。競技経験の浅い高校生に対し、また高度な安全管理が求められるボクシングという競技の特性において、全く不合理で理不尽な状況と言えなくもないのだが、日本ボクシング界におけるプロとアマの対立はこのような影響を及ぼしてしまう。

そこで糸川をはじめとする岐阜県、とりわけ東濃地区の連盟役員は林との密なコミュニケーションを試みた。その林はよく鍛えられた、確かな実力の持ち主だった。激戦のフライ級を勝ち抜き、この年の10月の福島国体に出場を果たす。更に翌1996(平成8)年は1月の東海大会優勝を皮切りに選抜、インターハイ、国体と3つの全国大会に出場、うちインターハイでは5位入賞を果たした。

畑中は試合会場に足を運び、林の試合を見守った。しかし会場では本人はもちろん、岐阜県のアマチュア関係者とも一切会話をしない。糸川とも顔を合わせた時に会釈するのみだった。

三、〝日本一〟になること

糸川がこだわりをもつ〝日本一〟。これを〝全国大会の優勝〟と同義とするならば、高校ボクシング競技は毎年3つの大会でのべ30人前後の〝日本一〟を生み出すことになる。

糸川と同世代で金城眞吉という沖縄県の指導者がいた。興南高校で29年、その後に沖縄尚学高校で14年に渡って指導を続け、育てた〝日本一〟高校王者は具志堅用高ら30人を超える。金城は故郷で消防士として勤務する傍ら、自宅を改装して寮を構え、部員たちと寝食を共にしながら情熱を注ぎ続けた。糸川は苦笑いを浮かべて回想する。

「そりゃ俺は公立の高校教師やから！金城さんのようにはできないよ」

自分が面倒みた部員の中に実力者がいなかったとは決して思わない。選手も精一杯努力した。ただ〝日本一〟には届かない。

「不思議なんやな。でも、それだけ一番になる、〝日本一〟って大変なんや、ということやね…」

1991（平成3）年夏のインターハイ。教員生活23年目にして初めて、糸川の教え子に〝日本一〟のチャンスが巡ってきた。ヘビー級で出場した多工の3年生、新井和善が初めて決勝戦に進んだ。

新井は190㌢近い長身。肥満型が多い高校ボクシングの重量級にあってバランスの良い体格で運動神経が抜群。入学当初、体育授業で見かけた糸川がボクシング部に勧誘した生徒だった。しかし、誘われた新井はバスケットボールへの思いがあった。無理もない。高校ボクシングにおいて、ヘビー級の新井が出場できる大会はインターハイしかない。しかも岐阜県予選には相手がおらず、減量に苦しむこともない。貴重な高校生活の部活動に満足を得られないことは想像に難くない。糸川は新井にバスケットボール部との掛け持ちを認めた。

そして迎えた最後のインターハイで、新井は絶好調だった。1回戦から準決勝まで3試合連続で初回RSC勝ち。この新井の快進撃に夏休み中の多工も沸いた。近県の静岡での開催ということもあり、同級生や校長など新井の応援団が決勝戦の会場に集まった。

そんな状況の下、決勝戦の相手となる千葉県から思わぬ抗議が出た。全国高体連の強化委員を務める糸川が特定の選手のセコンドに就くのはおかしい、という指摘だ。強化委員のセコンドを禁止する規約がある訳ではないが、誰も千葉県を説得できない。止む無く、糸川はセコンドから外れ、指示の声が届かない役員席に座ることになった。

決勝戦では新井のセコンドには多工OBのコーチ・加藤保が就いた。そして加藤も新井も勢いに賭け、これまでと同様に試合開始から積極的に攻めた。しかし相手は新井の作戦を読み、まずは防御を重視するスタイルを採った。

いかん、ペースを落とせ！糸川は指示を送りたかった。しかし、無力だった。

優れた持久力を持つ新井でもバスケットボールとボクシングは別物。体力を消耗した新井は、最終ラウンドに逆転を許してしまった。

四、膨れ上がる大会の規模

この新井の活躍の直後から、糸川ら高体連ボクシング専門部の役員は難題に直面した。日連からインターハイの規模の縮小を求められたのだ。

昭和40年代には、全国で1000人に満たなかった高校ボクシングの選手数は平成初期には3000人を超えていた。これは同時にインターハイの試合数と競技時間の増加をもたらした。特に1、2回戦の日程は午前8時半から休みなく試合を消化しても午後9時近くまでかかってしまう。日連から派遣された審判団の負担が大きいだけでなく、選手の安全管理の面でも懸念が生じる。

そこで日連が要請したのは、インターハイの出場基準を都道府県単位から地区ブロック代表に切り替えることだった。これなら出場者数と試合数が大幅に絞り込まれる。しかし、糸川ら高体連専門部側は猛然と反論した。都道府県代表を止めることは〝普及〟に大きな影響が及ぶ。日連と高体連は度重なる話し合いの場を設けたが、双方ともに主張を譲らず、椅子を蹴り飛ばしあうほど熱くなって紛糾した。

そして現実的な落とし処として、重量級の2階級すなわちライトヘビー級とヘビー級の削減を決めた。高体連側は全国の高校生の体重別分布データを用い、重量級の競技人口の増加が難しいことを根拠とした。

糸川は回想する。

「日連側は最軽量のモスキート級も削減するよう主張したんやな。でも反対したら日連も納得した。モスキート級の選手は成人すれば身体が大きくなり、軽量級で活躍するようになるでしょ、っと」

糸川が教員の定年を迎えるまで、このインターハイの都道府県代表制は維持された。しかしその後、変更を余儀なくされている。

「ＡＩＢＡが階級を変更したもんで、ライトミドル級とフェザー級が無くなっちゃったんやね」

現在、インターハイのボクシング競技は一部の階級で地区ブロック制が採用されている。

「それにね、高体連にも国税庁の査察が入るようになっちゃったんやな。だから大会の経費を削減するよう、避けられなくなっちゃって…」

五、同じ志の指導者　専門部　部長・神保俊弘

「神保さん、アンタ、これからどうやってきゃあす？ボクシング専門部をどうせなあかんかな？」

1987（昭和62）年8月、札幌でのインターハイ開幕の前夜。全国高体連ボクシング専門部の懇親会を終えてホテルへ戻る夜道で、糸川は北信越ブロックから参加していた神保俊弘に声を掛けた。この年の全国委員会において、ボクシング専門部の規約が大幅に改定されていた。

「やっぱり、ボクシング競技をよく知った人がトップになるべきじゃないですか！」

「じゃ、神保さん！アンタ、早く出世して管理職になりゃ！校長になりゃ！俺がボクシング専門部の委員長になって、アンタが部長！二人でトップになろまい！」

委員長は専門部を〃運営する〃責任者、部長は〃代表する〃責任者。原則として部長は校長職の者が就任する。

神保は糸川よりも2歳若い石川県の高校教師。意気投合した40代の2人は、酒が入った勢いも手伝って〃夢〃を語った。そして16年後、その〃夢〃は実現されることとなる。

神保は中学時代、陸上競技と野球に精を出し、高校では生徒会活動に励んだ。大学で学んだ薬理学の研究者に憧れたが、父親の強い勧めもあって地元の高校教師となった。教科は化学、物理の他に数学や英語も担当した。そして教師になって3年目の昭和47年、初めての人事異動で実家から一番近い県立津幡高校に赴任した。

現在、教員を定年退職し、地元で学習塾を経営する神保は、苦笑いしながら回想する。

「その時、入れ違いで転出したのが、中学時代にお世話になった先生だったんです。『おお、神保君！ちょうどよかった！キミはここの顧問ね！』って、ボクシング部ですよ。半ば強制的に。恩師ですから反論もできないまま…」

神保は大いに戸惑った。前任者はボクシングの競技経験があったが、神保は経験も知識も皆無。しかも教えてくれる人がいない。

神保はまず、恐る恐る試合を観に行った。

「会場から激しい声援が飛んでました。『手を出せ！』とか『休まず攻めろ！』とか…これがボクシングなのか、と思って帰宅しました」

ただ神保は会場で目にした非科学的な指導が気になった。そこで金沢市内の書店を回ってボクシングの指導書を探したが全く見つからず。そして東京の友人に依頼し、20冊ほど送ってもらって読み漁った。日本の大学の指導者が記した指導書、英米の指導書、ドイツの技術書など。そして方針を固めた。

「〝運動力学とスピードを身に付けること〟ですね。私は素人ながらに、これを指導の中心に置こうと。私には競技経験がありません。ですから〝手数を出せ〟とか、自分が理解して説明できないことは言わないようにしよう、と」

神保は練習場に移動式の黒板を用意し、事あることに図に描いて説明した。それは物理の授業の延長のようなものだった。膝や腰、肩の回転上にどのように力が伝わるか、より具体的な〝力〟の伝わり方はどうか、重心の掛け方や移動はどうか、戦略的にリングの広さを如何に活用するか、など、毎日のように部員たちと意見を交わした。

「津幡高は進学を目標とした普通科でしたから、生徒たちも興味を持って真剣に考えたんですね。それがよかったのでしょう。もっとも当時の部員たちは後年、ＯＢ会の酒の席で『戸惑いましたよ』と苦笑いしていましたが」

その成果が表れるのは早かった。指導を始めて3年目、インターハイにおいてライト級で優勝者を輩出した。

「試合中、セコンドに付いていたら、リングサイドでの会話の声が聞こえてきたんです。『津幡高校はいい選手だなぁ』っと。おそらく関東の大学の指導者だったと思うのですが、今でも誇らしく思いますよ」

この20代の神保の快挙は、同世代の糸川にも強い衝撃を与えた。糸川が回想する。

「文武両道。進学校でも工夫次第で勝てる。高校生が部活だけでなぁて、勉強も両立できる、と神保さんに教えられたんやなぁ」

神保は津幡高校で指導を続ける傍ら、石川県と北信越ブロックの全国常任委員を務めた。1985(昭和60)年の石川県でのインターハイでは、ボクシング競技の準備と運営のため一時的に学校現場を離れて金沢市役所で業務にあたった。そしてその翌年、人事異動でボクシング部が無い、しかも県内で一、二を争う進学校に赴任したが、競技役員を引き続き務めた。

「ただしですね、校長によって見解が違うんです。『うちの学校にはボクシング部が無い。何も関係ないだろ!うちは進学校だぞ!』と露骨に言われたこともありますよ」

神保は「授業は欠かさない」「日程を早目に調整する」ことをことさら重視し、何とかボクシングに携わる時間を確保するよう努め、活動を広げた。

そして昭和60年代から平成に入り、高校ボクシングの状況も少しずつ好転し始める。生徒数の増加で都市部を中心として新設高校が増えたことや、大学でボクシング競技を経験した若い教師が増えてきたことがプラスに働いた。また高体連の組織の整備が進み、透明性をアピールしたこと等が要因の一端だ。専門部の常任委員会(執行部)の決定事項や日連との協議事項を明文化し、ルールの改正や大会運営の注意事項、各種大会の反省事項等、現場の指導者へ広く行き届くよう伝達に努めた。その施策のひとつがボクシング専門部の機関紙『辛夷（こぶし）』だった。

１９８４（昭和59）年11月に創刊した『辛夷』は、当時の全国高体連総務委員長で後に第５代専門委員長を務める石井義晃が中心となって推進し、神保が補佐した。

神保が言う。

「『辛夷』は関係者への周知だけでなく、ボクシングを普及させる狙いもあるのです」

創刊の当時、ボクシング競技の連盟が存在せず、全く普及していない都道府県があった。競技に対する偏見があり、その払拭が大きな課題だった。

「表紙のシンボルマークは全国の高校生から公募し、その中の優秀作品を採用したんです。少しでもボクシングへの理解を得ようと」

２０００（平成12）年11月。全国高体連ボクシング専門部の第８代委員長に糸川が推挙された。現職の委員長が体調を崩し、在職のまま病死したのを受けてのことだった。神保が回想する。

「異例のことでしたが、専門部の委員会では全会一致で決まりました。誰もが糸川さんが適任だと。長年の経験はもちろん、しかも全日本王者です。当然ながら日連の役員とも関係が深く、彼の活躍を期待したんです」

全国大会の優勝経験者がボクシング専門部の委員長に就くのは、糸川が初めてのケースだった。

そして糸川は就任から１年後、県立高校の校長となっていた神保を全国専門部長に推薦した。公立高校の校長が全国専門部長に就任するケースは過去になかった。当初、２００２（平成14）年度の就任を望んだが〝待った〟が掛かった。

糸川が回想する。

「石川県の教育委員会の応諾が得られんかったやな。

教育委員会と協議して、結局、翌年度から認めてもらったんやな」

そのため、平成14年度は糸川が勤務する多工の校長・遠藤勝に専門部長への就任を依頼し、その翌平成15年度から神保が引き継いだ。札幌の夏の夜から16年後、糸川と神保の〝同志の夢〟を実現した。

ただ、公立高校の校長職にある神保は多忙を極めた。例えば3月下旬に開催される春の全国選抜大会は年度末の繁忙期にあたる。

「卒業式や終業式、新入生の受け入れ準備などもあります。それに選抜の開幕日は、県立高校の人事異動の内示が出る日と重なるんですよ。だから校長の私が学校を留守にする訳にはいかないのです」

神保は選抜大会の開幕日の前夜、夜行便を利用して早朝に会場に入り、開会式の挨拶を済ませるとすぐに石川県の学校に戻った。閉会式も同じく夜行便で行き、挨拶と賞状の授与を済ませて学校にトンボ帰りした。開催県の関係者への御礼もままならなかった、と神保は言う。

「大会に参加している先生方の中には人事異動の発令を受けた方もおり、本来なら大会どころではないはずです。ですから、運営はどうしても私立校の方々に頼らざるを得ないのです。私立校の先生方にも本当に申し訳なかったですが…」

六、根付かぬ指導者と普及の困難さ

糸川と神保は、全国の会合や大会で顔を合せれば必ず一緒に飲みに出かけた。高校ボクシング競技の環境において、岐阜県と石川県は共通点が多かった。そのひとつが常にスタッフの確保に悩まされることだった。

「公立高校を中心に運営されていることです。公立高校の運動部が難しいのは、顧問、指導者が根付かないことなんですね」

岐阜県同様、大都市に比べれば戦災が少なかった石川県は、全国的にも早い１９４８（昭和23）年に高体連専門部が設置され、ボクシング競技の普及に力を入れてきた。県内８校のボクシング部と、金沢市内のジムで練習する選手が大会に参加して凌ぎを削った。しかし石川県が岐阜県と異なるのは、全てのボクシング部が県立の普通科高校に設置されたことだった。

「やはり、進学に向けた受験勉強が中心にならざるを得ないでしょ、普通科の場合は。部員数は安定しないし、指導する顧問が転出してしまったら部活は下火になってしまうし…」

高校生の大会である以上、高校生が学校を拠点に部活動に励むのが理想的。神保ら連盟役員はそう考えたが、現実は厳しい。そこで部員の減少や休部になった高校の生徒でも練習できる場を提供しようと、県内各地での〝地域クラブ〟の設立を試みた。

「学校外に場所を借りて、いずれは〝社会体育〟に移行することを期待したんです。でも難しかった。指導者が根付かない。そして指導に一貫性を保てないのです」

後年、糸川が退職後にボクシングジムを開くと聞き、さすが、と思ったという。

「糸川先生のような熱意ある指導者が常にそこにいる。そういう環境を作らないと続かないのです。うらやましいと思いますよ」

ただ神保は悲観していない。

「高体連組織全体として意思疎通が図られています。それに情熱ある指導者、先生方が多いですし、今も増えています。普及という点で将来は明るいと思っています」

また機関誌『辛夷』を通じた地道な努力は実を結んでいる。創刊から25年目の２００９（平成21）年、最後に残った山口県が加盟したことで全ての都道府県の高体連にボクシング専門部が設置されることになった。

「加えて平成26年から、1、2校しか出場していない都道府県は一桁で推移しています。つまり都道府県内で複数の学校が競い合う環境が整ってきているということです」

そんな神保が専門部長在職中に成し遂げた大きな成果として『ボクシング専門部五十周年史』の編集と刊行が挙げられる。全国の都道府県の連盟からこれまでの歴史をふまえた寄稿文を集めた。また戦後から58年間に行なわれたインターハイ、選抜、国体の計419のトーナメント表と、14回の東西対抗戦の組み合わせを再現した。個人戦の出場者のべ1万7509名、計500頁に及ぶ大作だ。

しかし神保は今でも満足していない。70代半ばになった神保は「顧問」の肩書を持って全国高体連に携わり、戦後から高校ボクシング界の流れをまとめることに尽力している。

「昔の国体やインターハイで実施されていた団体戦ですね。そのチーム名の勝敗はわかるのですが、そこに出場した選手名の記載がない。その一人ひとりの、全ての試合の記録を見つけ出して残してみたいと思っているんですよ」

その思いの原動力となっているのは、神保が若い頃に出会ったボクシング競技の指導者の存在だ。

「当時の日連の執行部の方は大学関係者が多く、ご自身の言葉で教育を語っておられたんです。私もボクシング競技を通じて〝教育〟を伝えたい、と思っているのですよ」

七、岐阜県代表メンバー　飯田覚士

岐阜県との縁ができるきっかけとなった国民体育大会すなわち国体に対する糸川の思い入れは人一倍強い。役員として、岐阜県チームが国体で好成績を残すことが大きな目標であり続けた。

　しかし岐阜県チームには国体に出場すること自体、高くて厚い壁だった。特に成人チーム、すなわち一般の部は、１９７３（昭和48）年を最後に、東海地区予選を突破することすらままならなくなった。

　その最大の要因は、選手の不足。岐阜と多治見の2つの工業高校が中心になっているため、選手のほとんどが高校を卒業すると同時に就職して競技生活を終えてしまうことだ。ボクシングのような特殊な競技を続ける環境がほとんど無いのだから、それは止むを得ないことだ。

　そんな一般の部の岐阜県チームに加わった中に、後のプロボクシング世界王者・飯田覚士がいた。岐阜経済大学ボクシング部に在籍した飯田は１９８９（平成元）年、バンタム級の選手として東海地区予選に出場した。

　現在、東京都内で〝ボクシング塾〟を主宰している飯田が回想する。

「出場手続のため、大学のボクシング部を代表して多治見工業高校へ行ったんです。自分で車を運転して。そこで初めて糸川先生にお会いしました。何せ『岐阜のボクシングといえば糸川先生だ！』と聞かされていましたから、どんなイカツい方だろうか、と。それがお会いしてビックリです。温厚でやさしそうな顔をされていまして…そのギャップに驚きました」

　飯田の〝ボクシング塾〟は選手育成のためではなく、ボクシングを〝趣味〟としてもらうための場だ。ボクシング以外の分野においても活動の場を広めている反面、「最近は現役時代の話をすることがほとんど無くなった」と苦笑する飯田は、曖昧になった自身の記憶を辿った。

「大学入学と同時にボクシングを始め、国体予選は

2年生の8月でした。確か、静岡県の島田工業高校のボクシング部のリングで行なわれましたね」

団体戦は静岡県チームとの対戦だった。飯田の相手はインターハイに出場し、強豪大学で活躍している、と聞かされていた。

岐阜県チームの監督として立ち会った糸川の表現を借りれば、飯田は「えらく肩を上げた窮屈な構え」で、ゴングが鳴ったと同時にリング中央に向かっていった。

「当時の私に比べれば、相手の選手は経験豊富で余裕がありましたね。第1ラウンドは様子見で流され、第2ラウンドが始まって少し手を出されるとあっさり。すぐにレフリーストップでした」

結局、岐阜県は予選落ち。代表チームは解散となったため、飯田は糸川に何か具体的な指導を受けたということは無かった。ただ予選後、糸川から電話でイベントの開催を打診されたことがあるという。

「岐阜県のボクシングを盛り上げよう、という企画を考えているというんです。地域のお祭りの会場やショッピングセンターなど、普段とは違う、人が集まる場所で特設リングを組んでの公開スパーリングですね」

ここはバブル期の大学生。面白い、と飯田も乗り気になった。ただ糸川の話を聞いていくうちに萎えた。

「今では笑っちゃうんですけど、自分たちは〝強い〟と思ってましたから、当然、大学生の私達がメインだと。しかし糸川先生が『違うよ、高校生がやるんだよ』っと」

〝前座〟扱いだとわかった飯田は、そのまま糸川の提案を聞き流した。結局、その案は早い段階で企画倒れとなった。

「でも後から国体予選を思い返して納得しました。だって高校生の方が大学生の私たちよりはるかに練習しているし、強いんですから」

　飯田はその翌年、人気バラエティ番組のボクサー養成企画に出演、一躍人気者となった。その番組の中、飯田は大観衆を集めた屋外特設リングでスパーリングを行なっている。

　そしてプロボクサーとしてデビューしてから6年後、思いがけない形で糸川と間接的な関係が巡ってきた。

「加藤博昭さんですね。緑ジムのトレーナーになってくれたんです」

八、縁の下の力持ち

　多工出身のプロボクサー・加藤博昭は25歳で現役を引退、実家に戻って岐阜県土岐市の鉄工所で溶接の仕事に就いた。時々糸川に誘われ、多工での試合や東濃地区連盟の会合に顔を出した。ただ、プロボクシング界に身を置いた加藤は、母校の多工いえども公式に指導する資格を得られなかった。

　そうして10年が経過した1997（平成9）年3月、加藤は勤務先の工場で誤って左親指の第一関節から先端を切り落とすという事故に見舞われた。幸い、左手の機能を大きく損なうことは免れたが、労災を申請し、3ヵ月間の休暇が余儀なくされた。加藤が回想する。

「その休暇中に久しぶりに緑ジムへ顔を出したんです。ちょうどこの4月末に飯田覚士の世界初挑戦が予定されていまして。あの緑ジムが世界戦をやるようになったのか、と感慨深くて…」

　会長・松尾敏郎は加藤の訪問を驚きつつ、事情を聞いて労いの言葉を掛けた。ただ緑ジムの中は雑用に追われ、多忙を極めていた。特にバラエティ番組の出演という異色の経歴の飯田にはボクシングに関わりの薄いメディアも集まり、その対応に追われていた。

「松尾会長は忙しさのあまり、取材陣を怒鳴りつけていました。『あんたら報道のプロだろう！だったら飯田がどれだけボクサーとして努力しているのか、正しく伝えたらどうなんだ！』と」

そんな姿を観た加藤は時間の許す限り緑ジムに顔を出し、雑用を手伝った。試合の前日と当日は試合会場に足を運び、リングの組立と撤収、客席の設営を手伝った。

「その世界戦で飯田がKO負けした数日後でした。松尾会長から相談されたんです。『なぁ、できればジムのトレーナーを手伝ってくれんか？』と」

緑ジムのスタッフが不足しているのは明らか。世界戦を前に、飯田のトレーニングに支障が出ていたことも否定できなかった。

土岐市で勤務を続けながら名古屋・緑ジムに通うのは困難だ。35歳で生活がある。加藤は即答を避けたが、妻の後押しを得て決意した。勤務先を退職し、この年の10月、緑ジムのチーフトレーナーに就任した。他の仕事には就かずに緑ジムからの報酬だけ、トレーナー一本の生活を選んだ。

飯田が回想する。

「加藤さんは徹底して裏方役、〝縁の下の力持ち〟になってくれました」

当時、飯田は、具志堅用高や渡嘉敷勝男を育てた名トレーナー・福田洋二の指導を受けていた。試合の1ヵ月前から2週間、飯田が東京・沖ジムの福田を訪れて合宿形式でトレーニングを行なう。そして飯田が名古屋に戻っている間、加藤がサポート役を担った。

「加藤さんは細かいところまで一つひとつ『福田さんはどう指導していた？どんな練習だった？』と私に確認しながら付き合ってくれました」

加藤は誉めてリズムよく手を出させる、選手を上手く乗せるやり方だった。そして対戦相手を想定したミット打ちを試みた。

「加藤さんも現役時代は同じ階級でしたから、一緒に相手の動きを研究してくれたんです。脚を使ったコンビネーションなど、加藤さんの動きもスピーディーでとても効果がありました」

そして1年後、飯田は自身3度目の挑戦で世界タイトルを掴み、2度の防衛に成功した。

頼むぞ チャンピオンベルト

プロボクシング加藤選手 出身地・笠原町で激励会

町長ら200人出席

後援会も発足

町章入りのガウンを贈られて激励される加藤博昭選手（右）

日本タイトルに初挑戦する土岐郡笠原町出身の全日本プロボクシング・ジュニアバンタム級六位加藤博昭選手（二三）を励ます会が二十四日夜、町内の消防会館で開かれた。

来月5日に日本タイトルに挑戦

初挑戦決定を機に、加藤選手の母校である県立多治見工高の町内在住同窓生を中心に結成された後援会（水野太三会長）が、発会式を兼ねて開いたもので、約二百人が出席した。

加藤八十八町長らが「練習の成果を発揮し、チャンスを生かして世界へ羽ばたいてほしい」と激励。加藤選手は「一生に一度のことと思い頑張ります」とこたえた。

この後、水野後援会長から町章を刺しゅうした真っ赤なリングガウンが贈られ、会場から盛んな拍手を受けた。

同選手は多治見工高ボクシング部で活躍。在学中にフライ、バンタム両級で県高校総体や東海四県大会で十三回優勝している。

同校を卒業後、名古屋市内の会社に就職して同市内の緑ジム（松尾敏郎会長）に入門。五十五年九月、プロボクサーとしてデビューした。これまでの戦績は十六戦八勝八敗だが最近、三試合を連勝して挑戦者に選ばれた。

タイトルマッチは七月五日に大阪国際文化スポーツホールで行われる。

日本王座挑戦を前に加藤博昭の激励会（1984年6月26日中日新聞朝刊）

第十章　安全管理と教育現場の闘い

一、〝危険〟なスポーツと安全管理

１９８４（昭和59）年に多治見工業に入学した小澤智晃は、自分を含めた入部希望者の前で語った糸川の言葉を鮮明に記憶している。

『高校生であってもリングに上がる以上は死をも覚悟せなあかん。数年前にインターハイで死亡事故があった』っと。糸川先生は静かな口調でした」

そして糸川は続けた。

『死んだ生徒はシンナー吸引をやっとったらしい。シンナーは最初に脳を腫れあがらせ、そして萎縮させる。縮んだ脳は元に戻らんから、ボクシングはさせられんでね。もしやっとったら、今すぐ他の部へ行きゃあよ』っと」

その場には15人を超える入部希望者がいた。しかし、糸川の話が終わると数人が去った。そして練習が始まると1人また1人と減っていく。結局、小澤の同期で卒業まで残ったのは5人のみ。

しかし小澤は事無げに、そして真剣な表情で言う。

「その人数はおかしいですか？当たり前じゃないですか？健康を保てない、練習で身体をつくることのできない選手はリングに立つべきではないし、指導者は試合をさせてはいけない」

糸川は教師として働き始めて間もない頃、日本連盟すなわち日連が主催する、東海地区の高校の指導者を対象とした講習会に参加した。その最後の講義で日連の指導員が言った。

「ボクシングは危険なスポーツだから、素質のない部員は辞めさせるように」

これに対し、糸川は立ち上がって異議を唱えた。

「私らはボクシングの普及を考え、ボクシングを通じて教育していこうとしているんです！それを『素質が無いから辞めさせろ』は無いでしょう！」

この指導員とは互いに顔見知り。両者は熱くなった。

「おい、糸川！そういうことじゃないんだ！事故が危険だ、と言ってるんだ！」

「退部させて、ボクシングを辞めさせて解決、は違うんじゃないですか！」

「そうじゃない！事故を防ぐ責任があるだろ！」

そこに、後に日連会長となる川島五郎が割って入ってなだめた。

「まあまあ、落ち着きなさい、糸川君の言うことは正しい。講師の言うことも正しい。言っていることはお互い正しいんだ」

ボクシングの指導は、常に安全管理との戦いでもある。

文部科学省が２０１２（平成24）年７月に発表した『学校における体育活動中の事故に関する報告書』によると、平成10年度から同21年度の間に中・高校生のボクシング競技で発生した死亡・重度の障害事故件数は7件。これは発生頻度（10万人当たり発生件数）でみると自転車競技に次いで2番目に多い。

日本プロボクシングコミッションは管轄する公式試合で発生したリング渦を記録し、犠牲になった選手を公表している。一方、アマチュアの場合、連盟から全国レベルのまとまったデータは公表されていない。時々、脳神経外科を中心とする医学界から調査の報告がなされている状況だ。

これについて、元・全国高体連ボクシング専門部の部長、神保俊弘が証言する。

「高体連でも記録を全部残してあるんですよ、部活動や大会における事故や怪我は報告させています。ただ公表しないことを条件にしています」

非公開の理由は、未成年の、個人の情報という観点もある。しかし、他の理由もあるという。

「もちろんプロでもアマでも事故は悲劇ですし、最大限の対策が施されるべきです。しかし高校生の事故は違った問題が起こってしまうんです。極論を言えば、ボクシング競技そのものの否定です。『じゃ高校生にそんな危険なことをやらせるな!』っと」

ボクシングの普及は周囲の無理解、偏見との闘いでもある。医学界からの報告に従えば、プロもアマチュアもボクシングの本質は変わらず、危険度に大差は無い。しかしアマチュアは高校生をはじめとする若い競技者が大多数を占め、その競技経験年数も平均2～3年と浅いため、ひとたび事故が起これば、センセーショナルに報じられ、世間の厳しい視線に晒される。


「相次ぐ高校ボクサーの死亡事故 ／ 基礎技術習得に時間を」（1970年）**「パンチで高二死亡 減量強制され出場」**（1984年）**「プロよりもむしろアマの方が危険が多い。健康管理がズサンで、試合数が日程の都合上集中している」**（1970年、日本プロボクシング・コミッションドクター・吉田幸夫博士）**「成長期にあるジュニア選手たちの脳組織は柔らかく、それだけパンチの影響を受けやすい」**（1979年、AIBA主催 国際シンポジウム）**「米国医師会、ボクシング禁止決議 〝文明国ではボクシングを禁止しよう〟」**（1984年、米国医学雑誌）**「アトランタ五輪からボクシングを除外すべき」**（1994年、米国医学雑誌）

これに対し、日連、高体連で様々な対策が検討されてきた。

昭和45年の兵庫県の事故を機に、インターハイの団体戦を廃止して試合負担の軽減を図った。昭和58

年から大会日程を延長して〝ダブル・ヘッダー〟を廃止し〝一日一試合〟を制度化した。昭和61年には選手の傷害保険への加入を決定した。

また、グローブの改良にも着手した。昭和45年には詰め物がブタ毛からスポンジに変更された。昭和54年には詰め物を一定気圧の空気とする〝空気グローブ〟の試作品が開発された。

ただ、このような対策にも限界がある。試合や大会のルールを整備しても、事故を抑止できないケースはある。また用具の改良も同じ。例えば〝空気グローブ〟は糸川も試作品を手にし、開発した用具メーカーから助言を求められたが、はめにくく手に馴染まない構造であることを指摘、結局、実用化されなかった。

そして行きつくところ、「指導者が健康管理の基本事項を守ることが『最大の事故防止策』」（昭和54年12月、横浜市で行なわれたＡＩＢＡの国際シンポジウム）と結論付けられてしまう。その流れに従えば、指導現場での責任を追及する声は増す。

「元高校生と両親、県を提訴／初めての試合後　手足マヒなどの後遺症／『防御など技量が未熟だったが顧問教諭が試合に出場させないなどの安全配慮義務に違反した』と訴え」（１９８７年）**「高校ボクシング死亡事故／遺族が訴え『減量で体力が減退していたのに無理に出場させ、学校は安全配慮義務を怠った』などと主張」**（１９９２年）**「ボクシング部員死亡、指導者に注意義務　賠償命令／地裁『ボクシングのような極めて危険性の高いスポーツを部活動で行なう場合には、指導監督する者は極めて高度の注意義務を負う』」**（１９９７年）

糸川は常に、選手の健康管理や練習に関する新しい情報の入手を試みた。

昭和40年代から50年代にかけ、中央大学の恩師・田中宗夫らが中心となって実施するアンケート調査に進んで協力した。これらの調査は試合に限定されず、普段の練習、減量中の食生活、日常の健康管理など項目は多岐に渡った。

大会に立ち会うリングドクターとの連絡を密にして医学の面からの助言を求めた。指導者が観ていない状況下では、たとえ軽いマスボクシングであってもパンチを交換する練習を厳禁するなど、細心の注意を払った。

またボクシングの場だけではなく、部員の日常のありふれた動きにも細かく注視した。

例えば、ある部員はミット打ちでの反応が遅いことに気づいた。その部員の体育授業での動きや会話の受け答えを注目してみても、やはり遅れが目につく。糸川は、念のため頭部のMRI検査を受けてみるよう勧めてみた。その結果、頭蓋骨縫合の発育異常と診断された。本人にはつらい宣告だが、重大な事故の予防でもある。糸川から丁寧な説明を受けたその部員は、納得の上で他の運動部へ転じた。

多治見市長の古川雅典は議員時代、健康管理に対する糸川の姿勢に触れたことがある。

「支援者を通じて相談があったんです。『息子がボクシング部を辞めさせられた。何とか糸川先生に話してもらえないか』っと。そこで多治見工業の職員室へ糸川先生を訪ねたんです」

古川は多北の同級生・日比野利信との友情関係から東濃地区のボクシング連盟を手伝っていた。

「まあ、誰にもやんちゃをやって失敗はありますからね。再チャレンジのチャンスを頂けないか、と」

糸川は事前に古川の用件を聞いていなかった。一方、古川も、その生徒の退部の理由を聞いていなかった。

「シンナーだったんですね。糸川先生には冷静に、落ち着いた口調で説明して頂きました。『死んでも構いません、って誓約書をもらってもボクシングをやらせられる?無理やよ、それは』と。『そりゃ無理ですよね』と私も納得。即答です」

二、健康管理の難しさ

糸川も不幸な事故に直面した経験がある。

2000（平成12）年2月、多工と多北が神奈川県へ遠征し、現地のボクシングジムを借りて行なった合同練習でのこと。参加していた神奈川県の高校生選手がスパーリングを終えた直後、会話中に突然意識を失って倒れ込み、救急車で搬送された。

練習を見守っていた糸川は驚きを隠せなかった。直前のスパーリングでは交わしたパンチはほとんど当たっていない。当日のそれまでの練習内容に事故の原因が思い当たらないのだ。

糸川はその場に残って部員達の動揺を抑え、最後まで練習を見守った。

その倒れた選手は搬送先の病院で検査した結果、左大脳半球に急性硬膜下血腫が認められ、開頭手術が行なわれた。一命を取り留めたものの、上下肢が麻痺、車いすを必要とする障害が残った。頭部CT検査によれば、小脳の低形成などの異常が認められた。医師の見解によると、プロボクシングの規約に従えば〝選手不適格疾患〟としてボクサーライセンスの発行が見送られていたケースだったという。

この事故は民事裁判に発展した。倒れた選手側が「安全管理義務を怠った」として神奈川県アマチュアボクシング連盟とボクシングジムを相手に提訴した。

それに関連し、糸川らは練習の様子を撮影したビデオテープの提出を求められた。これは練習内容に落ち度がなかったことを証明するのに有効だった。

また裁判の中で明らかになったことによると、この高校生は諸事情から日常の食生活に問題があり、栄養不足の状態であったという。

この事故を受け、神奈川県アマチュアボクシング連盟では、翌年から新入生を対象として頭部CTと頚椎単純X線撮影による頭頚部メディカル・チェックを推進するようになった。

自身の教員定年を前にした糸川はこの話を聞き、改めて健康管理の難しさを痛感した。

その後、アマチュアボクシングの選手登録に頭部CTまたはMRI検査を実施することが全国でルール化された。これは高校生だけでなく、「アンダージュニア」大会に出場する中学生もその対象となる。

糸川は言う。

「わかるんやよ、ルール化するのは。でもCTはレントゲンより放射線が強いし、子供は身体が出来上がってなぁから受ける影響が大きいんやよね…」

もちろん、今の糸川が最新の医学情報や医療器具の進化を全て把握できている訳ではない。しかしボクシングの指導に携わる者の責任に終わりがないことは覚悟している。

三、待望の体育教師

1988(昭和63)年4月、多治見北高校全日制の職員会議が大いに紛糾した。議題は新年度の部活動の顧問の割り振り。希望しないボクシング部に指名された2名が「あんな危険なスポーツ、絶対に嫌です!」と頑なに拒んだためだった。

糸川が多北を去って8年。それまで顧問を引き受けていた美術教師が転出したため、新任を決める必要があった。そしてこの事態にお鉢が回ってきたのは、この4月から着任したばかりの26歳の体育教師・柏木克宣だった。柏木はボクシングの経験も知識も無かったが「若いんだから。次の転勤までの3年間だけ」と、既に決まっていたソフトテニス部の顧問を覆された。柏木は面白いはずもなかったが、自分以外に成り手がいないのも事実。仕方なく、「3年間の我慢」と割り切った。

それから30年。定年退職も視野に入ってきた柏木が笑顔で回想する
「ボクシング部の顧問に指名されてから2週間後、前任の高校の教頭から糸川先生を紹介されるんです。『多治見工業に糸川さんという、全日本チャンピオンだった先生がいるぞ。君を紹介しておいたから、相談してみたらいい』と」

その教頭は多北に在職していた時、糸川と一緒に働いていた。面倒見のいい親分肌で、大卒新任だった柏木はお世話になった恩がある。指示されるがままに連絡を取ると、その翌日、糸川が多北の体育教官室に現れた。

「占い師のような風貌だな、と。糸川先生の第一印象は」

勝手を知った教官室に何食わぬ顔で現れて椅子に腰を下ろし、他の体育教師を交えて話し始めた。

「他の先生方はボクシング部を私に押し付けたという負い目があったのかな、『糸川さん、何とかしてあげてよ』、『柏木君、この糸川先生に教えてもらってよ』と」

この時は具体的な話は無かった。

「糸川先生は終始笑顔で『まあ、部員と一緒に、気長に覚えていこうよ』と」

その翌日から糸川は毎晩のように柏木を誘いだした。多工の職員室から多北の体育教官室へ電話を掛けて待ち合わせ時間を決め、両校の中間地点にあった柏木の下宿へタクシーで駆けつける。合図のクラクションを聞いて外に出てきた柏木を定食屋に連れてガッチリと腹を満たし、行き付けのスナックでカラオケを歌い、時々パチンコを並んで打つ。

糸川にとって柏木は教員生活20年目にして初め

て現れた待望の若い体育教師。是が非でもボクシング競技に囲い込みたい人材だった。ただ、必死さを表情に出さなかった。

柏木が回想する。

「朴訥とした何かを含んだような口調。常にオブラートに包んで答えを出さない。すると次第に探究心が芽生えてきたんですね。一体、糸川先生は何を言わんとしているのか？　先生の言う通りに頑張ったら、その先に何が待っているというのだろうか、と」

そして糸川が柏木に提案したのは、選手登録をして現役部員と一緒に練習し、減量に取り組んで試合に出てみることだった。

「『まあ、あんたも一回試合に出てみやぁ。そしたら選手の気持ちもわかるわ』。糸川先生が指定したのは4ヵ月後、8月末の『岐阜県民大会一般の部』のライトウェルター級でした」

教師たる者は肉体的にも精神的にも強くあるべきだ、と常々考えていた若い柏木は、すっかり糸川の言葉に乗せられた。

岐阜県飛騨市出身の柏木は高校、大学と陸上競技に打ち込んだ。専門は400ﾒｰﾄﾙハードル走。高校時代の自己ベストは、その年のインターハイで20位に相当するタイム。ただ、全国大会には無縁だった。岐阜県大会を突破しても東海大会の壁は厚かった。そして体育教師になることを目指し、中京大学体育学科に進んだ。ここでもハードルと短距離走を専門とし、在学中にリレーのメンバーとして東海大会で優勝したこともある。しかし部員数300名に上る名門・中京大学陸上部のレギュラーの壁は厚く、大学でも全国大会への出場は叶わなかった。

このような経験に比べれば、高校のボクシング競技は全国大会のチャンスがある。これは柏木のモチベーションになった。

ただ、この時点で多北ボクシング部は難しい状況にあった。インターハイ出場は5年間途絶え、県大会でも苦戦していた。校内の練習環境も恵まれていなかった。普段の練習は体育館の裏側の屋外。リングは土を盛った〝土俵〟の四隅に鉄柱を打ち込んで麻紐を張ったもの。雨が降れば屋根付きの渡り廊下に移動するが、そこは幅が狭く、人が通る度に練習が中断する。

とても運動部としての体を成していない。そう感じた柏木がまず取りかかったのは練習に参加しない部員を辞めさせること。危険な競技である以上、これは仕方ない。そして新入部員を増やすこと。担当する1年生の体育授業で準備運動にシャドーボクシングをやらせてみた。これには県内屈指の進学校に入学して間もない生徒は戸惑い、苦笑いを浮かべた。

そして残った部員と新入部員と共にスタートを切った直後、アクシデントに見舞われた。ある日の練習後、部室の鍵を掛け忘れて全ての道具が盗まれた。柏木は糸川に連絡して多工からグローブを譲ってもらった。また軟式野球部から使わなくなったキャッチャーミットとグローブを譲り受け、パンチングミットの代わりとして急場を凌いだ。

柏木が着任した時点で選手手帳を持つ、すなわち選手登録を済ませていた部員は10名いた。しかし、練習の不参加、体重調整の失敗等の理由で、インターハイ予選にエントリーできたのは1名だけだった。

その唯一の部員はバンタム級の2年生、鈴木貴博。鈴木は進学校の多北の中でも理系のトップクラスの学業成績。部の事務仕事を一人で請け負うだけでなく生徒会役員も務める、几帳面で明るく〝面白い〟性格。練習も極めて熱心に取り組んだ。

しかし、柏木は戸惑いと不安を覚えたという。

「なかなか強くなるというイメージが湧かなかった。持久力や筋力など、鈴木の基礎体力は決して悪くない、むしろいい方なのに…。わずか数ヵ月の経験でしかないけど、ボクシングの指導とは、実はとてつもなく難しいのではないか、と」

そして挑んだインターハイの県予選では、鈴木は初戦で敗退した。第2ラウンド、鈴木が前に出ようと踏み込んだタイミングで相手の右ストレートが顎に入った。その瞬間、鈴木の口から白い歯が飛び出し、レフリーは即座にストップを宣告した。

初めてセコンドに付いた柏木は大いに慌てた。リングサイドで見守っていた糸川も心配そうにのぞき込んだ。しかし、鈴木本人は冷静だった。

『あ、これは差し歯です。いやぁ〜きれいな、いいパンチでしたね。効きました』と。刺し歯なんて聞いていなかったでしょ。『アホ！試合の時は差し歯なんか外しとけ！』と」

この鈴木は後に岐阜県の物理と数学を担当する高校教師となる。糸川が関わったボクシング部員の中では〝第一号〟の教員となった。

四、昭和から平成へ

『岐阜県民大会』は8月末の『岐阜県高校総体』と併せて開催される、と糸川先生はおっしゃった。夏休みの間、生徒と一緒に練習に取り組み、減量もちゃんとやったよ」

平成への改元を控える中、柏木は昭和の最後の一年の出来事を笑いながら回想する。

「当日、高校生とともに計量を終えると『他にエントリーがおらんでね、あんた、優勝やで』って。結局、重量級の高校生とスパーリングをやっただけ」

この『県民大会』にエントリーしたのは全階級を通じて柏木だけだった。

「翌年からも出場したよ、『県民大会』。俺は〝5連覇〟」

ただ、『県民大会』の規模は変わらなかった。

「糸川先生からは『あんた、この優勝で全日本の社会人選手権に出れるでね』と。ただ社会人選手権は

11月の平日に開催されるから、さすがに学校の授業を休む訳にはいかないし…」

結局、柏木の選手手帳には試合の記録が書き込まれることはなかった。

その後も柏木と多北の部員の奮闘は続いた。初年の秋には勝利を収める選手が出てきた。ただ、糸川は表情を変えなかった。

元号が平成に変わった2年目の夏。ある試合でパンチを受けた多北の部員がひるまずに打ち返した。すると糸川が笑顔を浮かべた。

『お、ようやく根性あるのが育ってきたやなぁか。大事なのはこうゆう姿勢やでね』と。自分が記憶する限り、糸川先生が褒めてくれたのはこの時が初めて。だから、なぜか妙に記憶に残っていて…」

そして3年目、最初の成功を掴んだ。

１９９０（平成2）年5月。多北の3年生、小島宣利は、柏木からインターハイ予選をウェルター級でエントリーするよう指示された。それまで一階級下のライトウェルター級で出場していたが、一学年下の部員と階級が被ることを回避するためだった。

これから四半世紀を経て、40代の社会人になった小島が回想する。

「減量は気にせんでよくなったけど、ウェルターだと山崎に勝たなあかんのか、と」

小島の同学年で多工に山崎心一郎という実力者がいた。山崎は東海大会の優勝者で、この年から始まった春の全国選抜大会に岐阜県から唯一出場した選手だった。小島は山崎に二度敗れていた。

「進学校の北高じゃ珍しく3年生まで部活をするんだから、とにかく悔いなくやろう、と腹をくくったね」

そして県予選の組み合せが決まった翌日、小島は柏木から告げられた。

「『山崎はライトウェルター！ウェルターはお前だけ。認定でインターハイ出場！』っと。柏木先生、笑顔でね」

多北では全ての運動部を通じても7年ぶりのインターハイ出場。小島は戸惑いの方が大きかった。

「本当にいいのかな、って。ただ県代表に決まった以上、責任もってやろう、と」

小島は練習に励むと同時に、他の部員のサポートに徹した。そしてその甲斐もあり、多北からもう一人、同期の主将、早野文洋が県予選を勝ち抜いてライトフライ級の代表を掴んだ。身長164㌢の早野は48㌔がリミットのライトフライ級にエントリーするために7㌔の減量に耐えた。

小島と同じく柏木にとっての〝一期生〟だった早野が回想する。

「岐阜県予選の決勝戦、第2ラウンドだったか、自分のボディブローが決まって相手が嘔吐してしまったんです。レフリーがストップしたので『やった、インターハイ！』と喜んだら、相手を椅子に座らせて休憩を与えたんです」

ルールの上ではケース・バイ・ケースで対処される。まずはレフリーが試合を中断させ、リングサイドのジュリー、即ち上訴審判の指示を仰ぐ。この試合では選手に休憩が与えられると同時に補助員がリングを清掃し、その後に再開された。

「いや、焦りましたよ。ルールを詳しく知らないし、レフリーから説明は無いし…」

ただ、持ち味のスピードは衰えず、早野は最後まで戦い抜いて明白な判定勝利を収めた。

「30歳を超えてからだったか、新年会の席でこの時のことが話題になったんです。糸川先生はおっしゃってました。『安全第一が原則やけど、できるだけ試合をやらせてあげるわな。選手はみんな、勝ちたいだろうし』と。先生は上訴審判の経験も豊富ですし」

五、全国への挑戦

柏木にとっても人生で初めての〝全国大会〟は戸惑いの連続だった。柏木が回想する。

「インターハイ出場が決まったら、急遽、全校生徒を集めた壮行会が開催され、東海大会があって、色々な手続と行事があって…」

小島と早野も毎日が多忙だったが、活動は充実していた。多工ＯＢの加藤博昭と糸川の計らいで名古屋の緑ボクシングジムに出向き、プロ選手を相手にスパーリングの〝出稽古〟。そして東海大会でも善戦、小島は1勝を挙げて決勝に進出した。

そんな中、糸川の指摘が柏木を慌てさせた。

「東海大会が終わってからかな、糸川先生が『いくら何でもインターハイで運動靴はマズいやろ』と」

多北は屋外で練習していることから、普段と同じ運動靴で試合に臨んでいた。柏木は大急ぎで試合用のリングシューズを手配したが、手元に届いたのはインターハイが開催される宮城県多賀城市に出発する直前だった。

大会の組み合わせ抽選の結果、ライトフライ級の早野は2回戦からの出場となった。しかし、初戦の相手は、よりによって春の全国選抜大会の優勝者・東福岡高校の菅昌憲だった。菅は後にプロボクシングの世界ランキングに名を連ねる強豪。早野が回想する。

「今から思うと、完全に雰囲気の飲まれていましたね。周りは勝ち進もうとギラギラしている選手たち。一方、こっちはインターハイに出たことで満足している身。そりゃ違いますよ」

場馴れして黙々と準備を進める菅に対し、初めてリングシューズを履いて緊張する早野。柏木も何をアドバイスしていいのかわからず、「緊張するなよ」「落ち着けよ」くらいしか言葉が浮かばない。こんな時に救いを求めたい糸川はその場から離れた大会役員席に座っている。そして迎えた早野の試合は開始から59秒、連打を浴びて防戦一方となったところでレフリーがストップした。

「開始のゴングが鳴り、先にパンチを出しましたが余裕でかわされた。全然当たる気がしない、どうしようと思ったら、いきなり連打されてあっけなく…。レフリーに肩をつかまれてコーナーに戻されました」

コーナーですぐ柏木にヘッドギアを外してもらい、リング中央で試合結果のアナウンスを聞いた。

「後は〝流れ作業〟みたいでしたね。相手コーナーで挨拶を済ませたら、またレフリーにつかまれてコーナーに戻され、リングを降りたら係員に腕をつかまれてすぐに医務室へ」

医師に「異常なし」と診断されて医務室を出た早野は、そこで初めて柏木と話すことができた。

「柏木先生が『お疲れさん』だか言ったか言わないかのうちに、『すいません、これ借ります!』と」

早野は柏木が首に掛けていたタオルを手に取ると、そのまま会場の外に出て号泣した。

「自分の人生の中で一番の大泣きだったなぁ、後にも先にも…。負けたことじゃないんです。高校での部活が終わってしまうことの寂しさですね。自分なりに懸命にやってきたつもりだったし、こんな舞台にも立つことができたし…」

この早野の泣きっぷりは、この夏のインターハイのハイライト映像のワンシーンに採用された。

一方、小島の初戦はその日の最終試合に組まれた。朝7時半の検診から夜9時過ぎの出番まで、長時間の待機を強いられた。それとは対照的に試合を終えた選手や関係者達は緊張から解き放たれ、談笑しながらリングの周りに集まってくる。しかも小島の相手が開催地の選手ということもあり、会場はお祭りのような騒々しい雰囲気となった。小島が回想する。

「今までに経験したことがないくらいの緊張で…息苦しくなって、ヘッドギアのアゴのベルトの穴を一つ緩めたんですね。少しでも呼吸が楽になるかと…」

セコンドに就いた柏木はこの試合を鮮明に記憶している。

「試合開始30秒過ぎだったかな、相手のやや斜め下から突き上げた左フックが小島の顔面に決まったら、ヘッドギアが飛んだんだ。小島の頭からスポッと外れて…ドッと湧いたよ、会場が！」

公式記録は「38秒失格負け」と残っている。

この後、早野と小島は大学でもボクシングを続けた。そのうち小島は１９９２（平成４）年、岐阜県チームの一員として国体に出場し5位入賞を果たす。国体のボクシング競技が団体戦ではなく個人戦の勝利ポイントで競うようになってから、小島は岐阜県チームにおける国体入賞者の第一号となった。

そしてこの早野と小島の成功は柏木にとって大きな財産となり、多北ボクシング部の躍進につながった。多北と柏木はその翌年からも17年連続でインターハイ出場者を輩出、その間に団体として東海大会3連覇や全国選抜大会入賞者を出す等、大きな成果を収めた。

六、長男・優

「まだウチの坊主が小学生の頃にな、妻に言われたんや。『あなた！部活の高校生とウチの子供たちとどっちが大切なのよ！』って。困ったわな。そんな、どっちなんて、言えんて」

糸川が苦笑いを浮かべながら回想する。無理もない。週末や休日のほとんどをボクシング部の活動のために費やしてしまう。そんな状況の解決策のひとつは、糸川が長男・優（ゆう）を多工に連れて行くことだった。

　しかし優は好んでついて行ったのではなかった。

「小学生の頃ですからね、別にボクシングに興味がある訳ではないですし」

　当時の糸川とほぼ同じ年齢になり、子を持つ立場となった優が笑いながら回想する。

「それに汗臭いんですよ、当時の多工の練習場が。息苦しくて我慢できなかったんです」

　優の表現を借りれば、「ドアを閉めれば全ての窓が揺れる」ような年季の入った練習場で、「怖い顔をした高校生」が汗まみれなってパンチを繰り出している。退屈に感じた優は練習場の外に出て、ひとりで校内を歩き回った。

「校内の深い溝にザリガニがいましてね、遊び相手でしたよ」

　そんな優が中学３年生の１９９４（平成６）年秋、多北を受験することを決めてボクシング部に入部すると言い出した。積極的に取り組む性格の優は中学で生徒会長を務めた。また強さへの漠然とした憧れを持っていて、小学校の体育館で行なわれていた少林寺拳法の教室に通い、剣道部に所属して汗を流した。糸川が回想する。

「ウチの妻も娘も反対せなんだな。『ボクシングやれば、少しはやせていいんじゃない？』とか言うて」

　優は糸川よりも低い身長１６３センチで、体重は80キロを超えていた。多くの高校生ボクサーとはかけ離れた四角い体型。

「優にはあえて厳しく言うたな。『やりたぁならなってみろ。ちゃんと覚悟して入部するんやぞ』と」

　しかし、糸川はまんざらでもなく、高校受験の前から少しずつボクシングの基礎を優に指導した。そして優は第一希望の多北に合格。当時、多北ボクシング部の顧問で優を受け入れることになった柏木克宣が回想する。

「糸川先生は笑顔だったよ。『ようやく、教師の息子がボクシングやるようになったでね！』と」

多北ボクシング部は柏木の着任から8年目。部員も増加し、練習は充実して活気に満ちていた。そして新入生には徹底した基礎体力作りが課せられ、走り込みの量が多かった。優が回想する。

「確かにキツかったです。自分は走るのは苦手で、他の部員についていくのが精一杯でした。」

優は糸川に弱音を吐いたことがあった。

「5月に行なわれた多工と多北の合同合宿の最終日だったと思います。親父の前で、走り込みがキツいなぁって」

これを聞いた糸川は悲しそうな顔をしたという。

「あの時、すぐに後悔しました。親父にあんな顔をさせたくないから、もう一切、弱音を吐くのはやめよう、強気でやっていこう、と」

それ以来、優は常にけんか腰のような厳しい表情で練習に取り組むようになった。そして主将を務め、部員を率先して鼓舞した。顧問の柏木が回想する。

「糸川先生は独特の言い回しで言ってたね。『もし優が全国チャンピオンになったら、俺はパンツ一丁で逆立ちして多治見の街中を歩いたるわ！』と。でも高校生の優には重荷だったんじゃないかな、〝糸川の息子〟っていうのは」

また糸川も厳しく接することを選んだ。糸川には常に葛藤があった。自分の教え子が自分の息子と対戦し、互いに殴り合う可能性がある。私情を挟んで甘い態度を示せば、誰からも信用を失いかねない。

優が回想する。

「多北と多工の合同練習、確か春の全国選抜大会の前でしたね。予定していた練習メニューが全て終わった後、親父がミットを手にして『主将、リングに上がれ！』と」

優が多工の主将と共にパンチンググローブをはめ

てリングに上がると、両校の部員が見守る中、糸川が追加のミット打ちを指示した。

「親父は厳しい口調でああだの、こうだの。それにいつ終わるのかわからない。こっちも『この野郎！』って、パンチを出していました」

その一方で、糸川は時々、父親としての顔を覗かせた。柏木が回想する。

「優が参加する練習では、ちゃんと最初から来ていたね。この頃の糸川先生は我々に現場をまかせ、練習に顔を出す時間も短くなっていたんだけど」

これには優のボクシング部の同期生で、現在イトカワジムのトレーナーを務める安藤正樹も同意する。

「優の時だけでしたよ、全国大会の会場で試合中に糸川先生がムキになって叫んでいたのは。いつもは立場もありますから冷静で表情を変えないのに」

これは優本人も鮮明に記憶している。全国選抜大会でのこと。前進する優がガッチリ固めたガードに受けたパンチによってスタンディングダウンと判定された。

「顔にパンチをもらっていないのにカウントが始まったんです。えっ、何で、って、レフリーに両手を広げて」

セコンドの柏木やリングサイドで応援していた岐阜県チームからの抗議の声が優の耳に届いた。

「親父までも大声で騒いでいたんですよ。『おい、レフリー！違うだろ！今のが、どこがダウンなんだ！』と。えらい剣幕でした」

優は全国チャンピオンには届かなかったが、最後までやり遂げた。インターハイにはミドル級で2度出場。そして厳しい減量に耐えて2階級下のウェルター級で東海大会を制し、春の選抜大会にも出場した。

そして3年生の春、岐阜県が作成する冊子に主将として顔写真付きの挨拶文を寄稿した。これは3年後の２０００（平成12）年に岐阜県で行なわれるインターハイをＰＲするもの。各競技に１頁が割り当てられ、県連盟の代表者、生徒代表として県内から選出された高校の主将が寄稿文を担当する。ボクシング競技の場合、連盟の長が糸川と、生徒代表が優。この冊子が発行されてから20年後、糸川が笑顔で言う。

「偶然とはいえ、親子のええ記念やな」

一方、優は驚きの表情を見せ、笑いながら言った。

「初めて見ました、この冊子！誰が書いたんでしょう、『四季折々の自然美と悠々の時の流れ』なんて、高校生の頃の自分が思いつかない表現が使われていますよ！」

多治見北高校ボクシング部のリング。「文武両道」の旗が掲げられている

第十一章　多治見でのインターハイ

一、市役所での勤務

１９９５（平成７）年11月、全国高体連理事会において、５年後の２０００（平成12）年夏のインターハイが岐阜県で開催されることが内定した。続いて準備委員会が28の競技種目の開催地を検討し、１年後の１９９６年11月、多治見市は男子バレーボールとボクシング競技が割り当てられることが決まった。

インターハイは行政が絡み、予算が出る。競技の普及と強化を図る絶好の機会ととらえた糸川ら連盟は準備業務に着手した。

大会の競技委員長を引き受けた糸川は、更に全国高体連ボクシング専門部の会議で「春の選抜大会を夏のインターハイのテスト大会とするべき」と提案、同じ２０００年春の全国選抜大会の開催も多治見市に誘致した。

大会実施までの準備は、まず関係機関への挨拶回りから始まった。

インターハイは「高校生による、高校生のための大会」として「高校生一人一役運動」を目標に掲げている。これは開催県の高校生がボランティアとして参加し、ポスター作成等の準備段階から大会当日の運営まで幅広い業務を支援するというもの。これら教育機会としてのインターハイの趣旨を説明し、理解と協力を求めた。

とはいえインターハイの予算は厳しく、「一人一役運動」のボランティアの交通費も負担できない。会場までの移動交通費が必要ない生徒に頼らざるを得ないため、特に地元の東濃地区の高校や特殊教育諸学校などへの訪問は重要だった。

　だが、快く引き受けてくれる学校がある一方で、非協力的な学校が少なからずあった。これらの学校は職員や生徒の動員に例外的な条件を要求してきた。一部でも例外を認めたら他の協力校に多大な迷惑が掛かる。糸川らは難渋する交渉を続けた。

　また多治見市の某関係機関の会合でボクシング競技に拒否反応を示す発言が出たことが伝わってきた。その内容は「どうして会場の駐車場に救急車を待機させておかねばならない競技がインターハイで認められるのか！」というものだった。

　多治見市から「インターハイの準備に専門家が加わってほしい」と要請された糸川は、学校勤務と並行して市役所で業務にあたった。市役所は多工から徒歩10分程の距離。当初の勤務は平日の夕方、放課後の時間のみだったが、開催の前年度から学校の授業を調整して週3日、そして開催年度の４月からは週5日のフルタイムでの勤務となった。

　そしてその準備業務は多岐に渡った。

　例えば宿泊施設の確保。前年度の実績に基づいて試算したところ、４００名を超える出場選手と引率する学校関係者、応援の生徒や家族、大会の運営に関わる役員など、合計１５００から１６００名分の宿泊が必要になる。それには最低でも12の宿泊施設を押さえなければならない。しかも出場選手の公平性を保つため、会場から30分以内で移動可能であることが目安となる。

　しかし、この条件を満たす施設は多治見市内だけでは足りない。また隣接する土岐市もインターハイのウェイトリフティングの会場となっているため、空きが無い。やむなく、多治見市の西側に隣接する愛知県春日井市の宿泊施設を利用した。

また宿泊に関する費用は、参加者の中で毎年のように問題になっていた。指定された宿泊施設の価格差や、減量のためにキャンセルした食事代など、大会終了後に決まって揉める。糸川ら大会本部はこの対策として、宿泊費を一律に設定して利用者から一括徴収し、宿泊施設に団体としてまとめて支払った。そして一括徴収した総額と宿泊施設への支払った差額分は、会場へ移動するシャトルバスの費用に充てた。もちろん地元のバス会社の交渉も糸川らの仕事だった。

他に安全管理の対策も重要な課題だ。大会の運営規定により、会場に設置する2つのリングと救護室に、それぞれ医師と看護師を一組ずつ配置しなければならない。また試合前検診では保健師が選手に対して体温測定、問診、膝蓋腱反射の検査を行ない、医師が総合判断を下して審判団に報告する。仮に体温や血圧など異常数値が出た場合、再検査を行なった上で総合判断を下すことになる。糸川らは多治見市の医師会に医師の派遣を依頼した。また、会場外に救急車1台の常時待機を消防署に依頼した。

そして最も苦労したのはスポンサー探しだった。後に公表されたこの大会の収支報告によると、インターハイ開催の総費用は約600万円。寄付金または大会パンフレットに広告を掲載する協賛金を求め、東濃地区を中心に企業や各種団体、地元の有力者のもとに出向いて依頼した。多治見での開催が決まってから大会の直前まで、糸川の訪問件数は300を超えた。

しかし地場産業の陶磁器業界はどこも景気が悪い。「これじゃ広告費で落とせないよ」と不満を言われながら、1口5000円のために必死になって頭を下げた。

集めた金額は300万円。そのうち60万円を選抜大会、残りをインターハイの資金にした。

二、ボクシング・スクールとスタッフの確保

多治見市での開催が決まり、糸川は多工の校長の許可を得て「ボクシング・スクール」を開講した。これは放課後に多工ボクシング部の練習場を一般開放し、練習生を集めて広く競技に触れてもらおうとするもの。学校施設を開放するという珍しい試みに、地元のテレビ局も夕方のニュースで紹介した。

このスクールにはダイエット目的の主婦やボクシング部がない高校の生徒など、幅広い層の練習生が順調に集まった。特に期待したのは、中学生の参加。選手強化のため、高校入学時までに基礎を学び、ある程度のレベルまで達することを狙いとした

しかしその一方、スクールのスタッフの確保に頭を悩ました。糸川はインターハイの準備業務が多忙となり、スクールに関わる時間も限られる。多工ボクシング部の現役部員や若いＯＢも手伝ってくれるが限界もある。

そこで白羽の矢が立ったのは、物理と数学の新人教師である鈴木貴博。多北ボクシング部の〝差し歯〟のＯＢだった。鈴木は大学で打撃系実戦武道の日本拳法で黒帯を獲得するなど、スクールのスタッフにはうってつけの人材だった。

現在、多治見市内の別の高校に勤務する鈴木は笑いながら回想する。

「いやぁ〜、本当にこき使われました」

事実、鈴木の勤務は多忙を極めた。生徒指導の仕事を課せられたため、朝から正門の前で登校する生徒のチェック。放課後はボクシング部の練習に加わりながら、警察署から連絡が入れば生徒を引き取りに出向く。そして生徒が下校した後から夜９時過ぎまで、スクールの練習生を相手にパンチングミットを構えた。もちろん、スクールには手当が付かない。

「糸川先生は準備の仕事が忙しかったけど、必ず顔を出していましたね。またスクールのスタッフのジャージを先生のポケットマネーで揃えてくれました」

そして糸川は、特に参加する中学生の保護者、親に気を配った。

「糸川先生は『親御さんを大事にしろ、親御さんの理解がなければボクシングは続けられない』と事あるごとに言われましたね」

そんな中、岐阜県の国体チームのメンバーで駒澤大学4年生の石原英康が教育実習に参加しているとの情報が伝わってきた。石原はボクシング部の無い日大大垣高校に在学中、松田ジムで練習を始め、岐阜県で大会に参加していた。大学でも全日本選手権での準優勝やタイでの国際大会での入賞など好成績を収めていた。もし石原が加わってくれるならありがたい。糸川はボクシング連盟として岐阜県体育センターの職員採用枠を確保した。この枠は専門教科に関わらず、岐阜県教員の臨時採用枠と同じ実績として扱われる。

しかし、石原は教員ではなくプロボクシングで勝負する道を選んだ。それを知った糸川は代わりになるボクシング部ＯＢの大学４年生に片っ端から声を掛けたが、その中には教員希望者はおらず、体育センターの採用枠は返上せざるを得なかった。

そして更に追い打ちをかけるように、鈴木の人事異動が発令された。ボクシング部のない遠方の普通科高校への赴任だった。

インターハイまでの配属だと思っていた糸川にとっても鈴木にとっても予想外の発令だった。しかし、名古屋大学理学部で学んだ鈴木の適性に応じた異動とも言えた。

そこで糸川が次に働きかけたのは、岐阜工業高校で指導にあたっていた細野光史だった。

工業高校の電気科の教師である細野はボクシングの競技経験はないが、初任地の岐阜工業でボクシング部の顧問となり、指導者としての魅力を知った。4年目の1996（平成8）年夏のインターハイではフェザー級の宇野潔が決勝戦に進出、〃日本一〃まで肉薄した。しかしその翌1997年の春、ボクシング部の無い高校へ異動となっていた。

現在、復帰した岐阜工業で指導者としての活動を広げている細野が回想する。

「人事異動で着任したらすぐに校長に言われたんです。『インターハイのために多治見工業に行ってもらうから』と。来たばかりなのに何だ、それ、って思うくらい、珍しい言われ方でしたね」

確かに異動になって日が浅く、極めて異例のケースであったが、インターハイを理由に岐阜県の体育行政が働きかけ、1999年4月より多工への赴任が実現した。岐阜工を転出した後も岐阜県連盟の役員としてボクシング競技の運営に携わっていた細野には、多工への異動はありがたいものだった。

当時、同じ多治見市内で活動を共にした柏木克宣は回想する。

「細野さんは24時間、ボクシングのことを考えているような人。極めて研究熱心だった」

そしてインターハイを控えた岐阜県の体育行政による手厚いバックアップがあった。

そのひとつが、岐阜市にあるスポーツ科学トレーニングセンターで競技の垣根を超えて実施されていた指導者講習会。参加した細野には驚く内容だった。

「講師として招かれていたのはオリンピック代表チームのコーチ陣。女子マラソンの小出義雄監督など豪華な顔ぶれでしたね。度肝を抜かれる話ばかり」

例えば、腕立て伏せのやり方。腕の筋力をアップさせることが狙いであるが、これを膝をつけて胴体を床の近くまで深く沈めるやり方を試みれば、肩甲骨付近の筋肉が伸びて肩関節が柔らかくなる。肩の可動域が広がると、部員たちもすぐに効果を実感した。

加えて必死に学ぶ細野の姿は部員たちにも十二分に伝わった

三、教職員総出の手伝い

「ボクシングはマイナースポーツ」だと、糸川は常々口にしてきた。加盟校も少なければ役員が少ない。スタッフが絶対的に不足している。

そんな中、春休み中の全国選抜大会と夏休み中のインターハイを、多工の教職員が総出で手伝ってくれることになった。そのおかげでスタッフの人数は確保できた。

しかし、ボクシング競技に対する知識が乏しいスタッフには、試合運営に直結する重要な役割を任せづらい。そこで再び白羽の矢が立ったのは、人事異動で転出した鈴木貴博だった。全国選抜大会が開催される直前の3月上旬、鈴木は赴任先の校長からボクシング競技へのスタッフ参加を指示された。赴任先の開催地として別の競技の運営に加わることになっていた鈴木に対し、岐阜県の体育連盟を通じてボクシング県連盟が依頼してきたのだ。

鈴木が回想する。

「そりゃ、うれしかったですよ。自分がスクールでミット打ちを受けていた中学生たちが活躍して。やった甲斐があったなぁ、と」

春の全国選抜大会には、岐阜県勢は7階級に出場、6名が入賞を果たした。そのうちスクール出身の3名が含まれていた。フェザー級に出場した多北・久保直嗣とライト級の多工・古田貴久が3位、そしてバンタム級の多工・若尾健吾は決勝戦に進出した。

岐阜県勢として選抜大会では初、多工ボクシング部として2人目の全国大会の決勝に勝ち残った若尾は、決勝戦で後のプロボクシングWBA王者、大阪朝鮮高校の李冽理に判定で敗れた。なお、その若尾は卒業後にプロボクサーとしてデビューして全日本新人王を獲得。形を変えて〝日本一〟を勝ち取った。

四、『一人一役運動』とトラブル

１９８５（昭和60）年8月に竣工して以来、多治見市総合体育館がボクシング競技の会場となるのは初めて。正式に会場として決定した直後、日本連盟と高体連専門部はこの体育館を視察し、そこで照明の暗さを指摘した。アマチュアボクシングの規定でリング上の照度は１５００ルクス以上を確保しなくてはならないが、この基準に未達だった。

とはいえ、照明は多治見市の予算にも関わる問題だ。結局、会場全体ではなく2つのリングが設置されるフロアの天井のみ、限定的に照明を取り換えることで落ち着いた。

また会場の混乱は開幕の前日も発生した。会場準備を手伝いに来ていた糸川の長男・優が回想する。

「午前中にリングが組み立てられると、周りから煽られたんです。『親子でスパーリングをやれよ！』と。親父と共にグローブを付けてマスボクシングをしました」

そこで優がリングのマットの違和感に気づいた。

「マットがおかしい、どうもリングの床がボコボコ、波を打っているように感じたんです」

リングのレンタル業者が慌てて確認すると、マットの下に敷いた床板が暑さで湿気を含んで膨張していた。業者は代替を打診したが、乾燥した床板を手配することは困難だった。

そこで糸川は、多工ボクシング部の若いＯＢで多治見で大工として働く塚本英晴と安藤彰彦に連絡を取った。20代の2人はスクールのトレーナーとして協力していた。糸川が回想する。

「2人は午前中で現場の仕事を早退して体育館に駆け付けてくれたんやな。そしてリングの床板を確認して『先生、これくらいなら何とかなりますよ！やってみますよ！』と言うもんやから、じゃ、お願いできるか、と」

2人は勤務先から針金を取り寄せてリングの下に潜り込み、膨張してはみ出た床板を下から針金で引っ張って固定、床面が平らになるよう整えた。この鮮やかな作業ぶりに、現場に来ていたスポーツ用品メーカーの社長が感嘆の声を上げた。

塚本と安藤は、夕方までにリングの作業を終えると、更に車を走らせて12ヵ所の宿泊施設を回り、日連から届けられた体重計を配った。出場する選手たちが宿泊先でも正確な体重をチェックできるよう、公式の計量で使用されるものと同じ体重計を用意したのだ。

8月1日に開幕したインターハイのボクシング競技は同7日の決勝戦まで6日間、10階級で合計357試合が行なわれた。

スタッフの中で貴重な競技経験者である鈴木貴博は、春の全国選抜大会に続いてタイムキーパーを任された。高校生のボランティアスタッフと三人一組でリングサイドに座り、ラウンドの時間とダウンのカウントを計測する。

「そりゃ、見ごたえのある試合も沢山ありましたよ。唸るようなレベルの高い選手もいましたし」

格闘技に目の肥えた鈴木でもそう感じたのは無理もない。この多治見のリングに上がった372名の選手の中には、モスキート級で優勝した八重樫東を筆頭に山中慎介や粟生隆寛ら後のプロボクシング世界王者が5人、他にも後の東洋太平洋、日本王者も複数名含まれていた。

だが、鈴木には余裕が無かった。

「1秒違えば勝敗に直結する危険性があるでしょ？

ボランティアの高校生に責任を負わせる訳にはいきませんし…」

タイムキーパーは高い集中力が求められ、極度の緊張が続く。眼と精神の疲労は激しかった。審判員の交代など試合進行の区切りに合せて1時間ごとに交代し、鈴木は休憩時間に会場隅のスペースで倒れ込んだ。

しかし、ゆっくり休んでばかりもいられなかった。休憩中の鈴木のもとに、炎天下の屋外駐車場でのトラブルが伝わってきた。ある高校の選手を乗せた車の到着が遅れ、運転していた教師がボランティアの多工の硬式野球部員に怒鳴っているというのだ。鈴木が回想する。

『『そこのスペースが空いているじゃないか！停めさせろ！』と。でもそれは大会役員向けに確保していたスペース。ボランティアの高校生が説明すると、その教師は『選手が乗ってるんだ！試合に間に合わなかったらどうするんだ！』と」。

部活動に真剣に打ち込めばこその必死さの表れでもある。しかしボクシングという競技柄、気の荒い関係者が多く、威圧感を与える風貌も珍しくない。日焼けした坊主頭の高校球児では対応し切れず、連絡を受けたスタッフの教員が駆けつけ、事態の処理に当たった。

このトラブルの報告を受けた糸川は、怒鳴った教師を大会長席に呼び出した。糸川が回想する

「怒ったよ、『おい！高校生が一生懸命やってくれとるのに、怒鳴るとは何事や！』と。そいつのことはよう知っとるよ。根はええ奴やけど…」

冷静さを取り戻したその教師はただただ平身低頭だった。

また、競技中に2度の停電があった。最初は関係者のひとりが誤ってコードに足をひっかけて電源を抜いてしまったため。すぐにコードをつなぎ直して

復旧させたが、再発の予防策がすぐに思いつかない。仕方なく、糸川は暫くコードの差込口の前に立って監視を続けた。

そして2回目の停電は発電所周辺の落雷の影響によるものだった。すぐの復旧が難しい状況だったが、幸いにもリング上の照明は無事で競技は休みなく続行できた。日連の指摘により大会前に照明を取り換えたことが功を奏したのだ。

多工と多北からインターハイに出場したのは5人だが、この両校のボクシング部員30人はスタッフとして参加した。多治見駅前で大会案内のチラシを配り、試合会場では選手控室の世話係を務めた。この晴れの舞台を目指し、そして叶わなかった部員たちの複雑な胸のうちは察するものがある。ただ、そういう経験があればこそ、試合を控えた選手たちの心情を理解できるのもまた事実だろう。

また糸川は「一人一役運動」の高校生たちを高く評価し、岐阜インターハイを総括した報告書に労う言葉を寄稿した。

閉会式を終えた会場で、「一人一役運動」のボランティア高校生たちが取り外された大会旗に学校名を寄せ書きした。その大会旗は糸川が引き取り、退職後にオープンしたイトカワジムの壁面に今なお掲げられている。

五、兄との別れ

当時、岐阜県議会議員で、後に多治見市長を務める古川雅典は大会の顧問としてインターハイのボクシング競技に携わった。

「大会が終わった後、糸川先生に『借りたリングの一つを返さんでもええように交渉してくれ』と頼まれました」

かつて岐阜国体で使用されたリングが認められた

ように、インターハイのリングを多工の練習場に設置することを糸川は希望した。もちろん、リングをレンタルした業者は無償で応諾するはずもない。県立高校の設備であるから多治見市は無関係。岐阜県と予算交渉しなくてはならない。古川も手を打ってみたものの、大会後に予算を追加することは容易ではなかった。

そんな中、まとまった寄付があり、希望は実現した。多治見市のボクシング連盟の副会長を長らく務め、そしてインターハイの直前に亡くなった水野健三の遺族からの申し出だった。水野の未亡人が伝えるには「夫の遺言」とのことだった。

インターハイ関連の市役所での業務は9月末まで続き、糸川は10月から多工での通常勤務に戻った。しかしその20日後、兄・照雄が亡くなった。死因は胆管がん。3年間に及ぶ闘病の末、享年59歳という若さだった。

照雄は中央大学を卒業後、実業団チームの名門・東急に進んで東京五輪に出場。そして引退後は東急の不動産開発の部署に属し、強靭な身体と豊かなバイタリティを発揮して奮闘した。

ただそれは激務だった。東急沿線の地権者と不動産買収の交渉に加え、開発に関わる各方面の業者との交渉。夜明けとともに訪問することもあれば、酒席は深夜に及ぶ。一筋縄で行かないことが多い中、たびたび反社会的勢力の嫌がらせの矢面に立つこともあった。そして無理が祟り、健康を害した。

照雄は生前、糸川に定年後について語っていた。糸川が回想する

「お互い定年退職したら、〝一緒に商売をやろう。〟『美濃焼〟とタイル。ヤスが選んで、俺が売る』と、よう言っとった」

教師と全く違う仕事で、それも面白いかな、と興

味を持たない訳ではなかった。しかし、具体的に検討をすることはなかった。

そして照雄の葬儀が落ち着く間もない翌11月、糸川は全国高体連ボクシング専門部の委員長代行に指名された。更には定年後のボクシングジム開設へと至った。

結果として、ボクシングに生涯を捧げるよう糸川を導いたのは、始めるきっかけを作った照雄だった。

六、宴の成果

またインターハイ開催が条件だった多工の細野光史の人事異動は、幸いにも1年先送りが認められた。そして引き続き研究と工夫を重ねた細野と多工ボクシング部、とりわけスクール出身者が大きな成果を成し遂げた。

2001（平成13）年、春の全国選抜大会でスクール出身の古田司がライトフライ級3位に入賞。そして秋の宮城国体では多工から日本体育大学に進んだ光永智博が成年の部・ライトウェルター級で準優勝。光永は現役部員として多工のスクールを手伝った生徒だった。またこの宮城国体では、中学2年生からスクールに参加していた坂口英輝が少年の部フライ級で優勝を成し遂げた。多工のみならず、岐阜県の高校選手として初の全国優勝だった。糸川が回想する。

「坂口は抜群のスピードの持ち主。俺の長い経験の中で〝パンチの拳が見えない〟のは初めてやった。坂口は日本を代表する選手になれる素質があると思ったな」

坂口は練習も熱心に取り組んだ。ただその実力を発揮するまでに時間を要した。細野が回想する。

「大会の直前に必ず体調を崩してしまっていたんですね。プレッシャーに弱かったのか、気が小さかったのか…」

細野はそんな坂口にディフェンス重視のボクシングスタイルを徹底させた。相手のパンチを手で払うパリングの練習を重ね、当てなくてもいい見せパンチとして左ジャブを出す。フックやアッパーも打たず、最大の長所であるスピードを活かした右ストレートを磨き、カウンターの精度を上げることに注力した。

そして高校生活で最後の全国大会となる宮城国体は体調管理がうまくいき、順調に勝ち進んだ。

「ただ、決勝の前夜に風邪気味になっちゃったんです。うわ、このタイミングか、と慌てましたね」

細野が苦笑いを浮かべながら回想する。

「幸い、発熱までには至らず、鼻風邪の症状に留まりました。体調も維持できて決勝に臨めました」

そして決勝戦で坂口は確実にポイントを稼ぎ、見事に偉業を成し遂げた。

坂口の勝利を告げる判定が読み上げられた瞬間、細野は人目を憚らずに涙を流した。

「試合後に坂口が言ってくれたんです。『先生の借りを返すことができました！恩返しができました！』と。決勝戦の相手の指導者が、5年前のインターハイ決勝で宇野潔が負けた時と同じ方だったんです。坂口はちゃんと覚えていてくれたんですね」

細野と一緒にセコンドを務めた柏木も涙を止めることができなかった。2人とも競技経験の無い指導者。その姿を糸川は役員席で見届け、笑顔を浮かべたのだった。

翌2002年春、細野は岐阜工業に復帰し、再びボクシング部の指導に携わることになった。そこで細野は多工で経験した〝ボクシング・スクール〟を始めた。多工と同じく、学校内のボクシング部の練習施設を活用する方法だ。また細野は新たな施策を試みた。

「他県との合同合宿ですね。毎年2月、岐阜工業の練習場を使って。それまで岐阜県は他県との交流が弱かったですから」

これらの取り組みは顕著な成果につながった。2008（平成20）年夏のインターハイでは、岐阜工業は団体として全国2位のポイントを獲得した。

また多治見でのインターハイ以来18年ぶりに岐阜県での開催となった2018年夏のインターハイでは、細野は運営の中心となって大会の成功に導いた。

ただ、50代になる細野は現状に満足していない。

「後継者ですね。教育現場での指導者の育成。糸川先生も長年苦労されてきたことですが、続いてくれる人材を育てないと…」

一人一役運動の高校生たちが書いた寄せ書きを前にポーズ

第十二章　子供がボクシングをやるということ

一、アメリカで観た風景

「絶対いいですよ！子供の頃から始めれば、開ける道が増えますよ。防御もパンチも多彩になりますよ」

子供がボクシングを始めること対し、多エＯＢのプロのトレーナー・加藤博昭は肯定派だ。

緑ジムのトレーナーとして飯田覚士に続いて戸高秀樹の世界王座奪取に尽力した加藤は、米国ロサンゼルスのマック・クリハラのジムを訪問する機会を3度得た。いずれも戸高のトレーニングへ同行したものだが、そこで目にした光景に衝撃を受けた。

「ジムで小学生くらいの子供たちがスパーリングをしているんですが、トレーナー達はパンチの打ち方を教えないんです。ディフェンスを教えた後、時々『ガードを上げろ』『頭を振れ』『相手のパンチをよけてから打て』という程度。マックに聞いたら『パンチは子供たちがテレビを観て覚えるからいい』って」

今まで目にしてきた米国の名王者はこうした中で育ってきたのか。加藤は納得する思いだった。

「日本じゃ無理でしょう。野球ならまだしも、子供がテレビを観て覚えるなんて。そんなにボクシングに触れる機会がないですよ」

これまでも多くの少年たちの指導も手掛けてきた加藤は、やはりパンチの基本はしっかりと教えるようにしているという。

「糸川先生じゃないですが、やはり自分で考えるよう導いてあげなきゃいけないですよね、教える側としては…」

二、ドイツ〜　文化としてのボクシング競技

　柏木克宣は当初「3年の我慢」で始めた多北ボクシング部の顧問を18年間続け、２００６（平成18）年、多工へ異動した。柏木の教員生活もまた、糸川と同様にボクシング部が大きく関わる異色の経歴を歩むことになった。

　その柏木は２００４（平成16）年11月、岐阜県の『上級指導者海外派遣研修』としてドイツへの派遣メンバーに選ばれた。柏木が回想する。

「5つの競技から1人ずつ。進学目的の普通科高校から行かせてもらえるなんて、異例のことでしたね」。

　研修はケルン市を中心にスポーツ大学や施設を回り、最後にトロイスドルフ市のボクシングクラブを訪問するという日程だった。市の総合型スポーツ施設の中に練習場があるそのクラブは創設から50年を超える歴史があり、１９９２年バルセロナ五輪ライトヘビー級の金メダリスト、トルステン・マイを輩出した名門としても知られていた。

　研修の最終日、柏木ら一行の訪問にマイらクラブのスタッフが総出で出迎え、地元新聞社や広報担当者が取材に来た。そこで柏木は見慣れぬ光景を観た。

「その時間帯は少年と初心者の練習でした。7名のボランティアのトレーナーが号令を掛け、10名の少年が一斉にパンチを繰り出している。打ち合いじゃなくて、日本の空手の型の稽古のようでした」

　クラブの関係者の説明によると、このトロイスドルフ市が属するノルトライン＝ヴェストファーレン州だけでも１８０、ドイツ全体で７００近いアマチュアのボクシングクラブがあり、9歳以下、初心者、中級、上級と4つのレベルに分かれて練習している。またマイが説明するには、基本的に5つのスタイルのプログラムを低年齢から色々やらせ、その選手の

身体的特徴を生かせるよう決めていくのだという。

「クラブの会長が言うんです。『オリンピック選手の育成のみが大切ではない。第一目標はボクシングというスポーツを通じた青少年の健全な育成なのだ』と」

このクラブでは地域の学校と綿密に連絡を取り合い、時に問題行動のある生徒の勧誘を積極的に行なっているという。

「小学生から長い年月をかけて人間形成を目指す。会長は『勝つことばかりではない。負けることを経験させることが大切だ』と強調していました」

柏木にはカルチャーショックだった。ただ、ボクシング競技を通じての教育には日本の部活動にも相通じるところがある。

「通訳さんを介して日本の事情を説明すると、会長さんは笑顔で私の肩をポン、ポンっと」

柏木はトレーニングウェアに着替え、9歳の少年のミット打ちに付き合った。そして派遣の一行がクラブを去る時間になると、全ての練習生が動きを止め、柏木らに向かって大声で挨拶をした。

柏木はこの研修のレポートをまとめ岐阜県に提出した。同時にそのコピーを糸川に届けた。

「これが理想の姿なんやろうね、アマチュアボクシングのジムとして、競技として」

糸川が言う。

「たぶん、こういう姿を目指しとったんやなぁかな、東京オリンピックの頃から。オリンピックはやっただけではダメ、競技を続けて残していかなぁと…」

三、開拓者　畑中清詞の改革

2006（平成18）年、プロボクシング中日本地区の協会長に就任した畑中清詞は、少年世代へのボクシングの普及と選手の育成に着手した。

スポーツ界にとって少子化への対策は避けること

のできない重要な課題。ましてボクシングのような特殊な競技は尚更のことで、興味を持った子供が始めやすい環境を創ることが求められる。そう考えた畑中は、横浜など一部のボクシングジムが子供たちのスパーリング大会を開催したという情報に着目し、全国に先駆けて、中部地区で少年のための大会を開催しようと発案した。

その際、名古屋のジム出身の世界王者である飯田覚士は、畑中からサポート役を依頼された。しかし大学からボクシングを始めた飯田は躊躇し、強い抵抗を感じたという。

「子供たちにボクシングなんてとんでもない！身体が出来上がっていない子供たちに与えるダメージが心配だ。話を聞いた時、最初にそう思いました」

飯田は主宰する〃ボクシング塾〃で子供たちを対象とした運動教室を開いている。これは都会暮らしの子供たちに身体を動かすことを覚えてもらおうとするもの。そんな子供たちと接する中では当然の反応だった。しかし、名古屋に出向いて畑中ら関係者と打ち合わせを重ねるうちに不安が解消された。

「使用するグローブや防具がしっかりしていましたね。それに安全面を徹底したルールを作りましたから、これなら大丈夫だ、と」

そして迎えた２００７（平成19）年8月26日の大会当日、会場に集まった小学2年から中学3年までの43人の少年を見て、飯田は激しいショックを受けた。

「1回目だというのに、大会のレベルが高いんです。えっ、こんなに上手い子がたくさんいるのか、と」

同時に驚かされたのは、必死になって応援する家族の姿だった。

「私が大学のボクシング部に入ると言ったら、親父が『くだらん！』と一言だけですよ。お袋も『あんな激しいスポーツ、覚士が続く訳がない』。そんなもんでしたよ」

その大会にイトカワジムから田中亮明、恒成の兄弟が参加していたことは後になって知った。

「2人が抜きんでていると感じないくらい、参加の子供たち全体のレベルが高かったということですよ」

畑中らはその大会を境に、東海地区で練習を続ける子供たちを定期的に集め、合同練習を開催した。田中兄弟も参加し、そこには父・斉も一緒だった。

畑中が笑みを浮かべて回想する。

「えらい熱心な親父やなぁ、と。よう目立っとった」

ただし、冷静な試合運営を考慮し、大会ルールとして親が子供のセコンドに就くことを禁止した。そこで田中兄弟のセコンドが任されたのは、多北ボクシング部OBの安藤正樹だった。安藤は多北在学中に全国大会に出場、進学した関西の強豪・龍谷大学で主将を務め、関西リーグ五連覇に貢献した。そして大学卒業後はスポーツクラブに就職、この少年大会のスタッフに加わっていた。

安藤もまた、田中兄弟の第一印象はあまり強いものではなかった。安藤が回想する。

「上手い子ではあるかな、というのが正直な感想でした。もっと他に目立つ子がいたんですね」

弟・恒成に対しては小学6年生から中学3年生まで、4年間に渡ってセコンドを務めた。

「東京・後楽園での『U-15』大会で負けた時は『まあこんなもんだろう』、中3で勝った時は『最後に勝ててよかったなぁ』、と。そんなもんでした」

しかしその2年後、2012（平成24）年の岐阜国体の会場で観た恒成に、安藤は驚愕した。

「まるで別人！一体、高校で石原先生は何を教えたのか！何をどうやったらこんなに成長するのか、と」

ライトフライ級の決勝戦に進んだ恒成のセコンドについたのは、岐阜県チームの監督を務めた柏木克宣だった。柏木はこの岐阜国体を最後にレフリーに転身し、競技の運営側に移ることが決まっていた。

〝差し歯〟の初試合から25年、これがセコンドに就く最後の試合だった。

開始から恒成は優位に試合を進めた。そして2ラウンド終了後のインターバル中、恒成は落ち着いた声で柏木らに言った。「次の回、すぐに倒してきますから」。するとその18秒後、レフリーが試合を止めた。

リングサイドで応援していた安藤が回想する。

「柏木先生、興奮してましたね。リングを降りてからも『すげぇよ、本当に終わらせちゃった!』って」

四、糸川の葛藤

2008(平成20)年夏、『U-15』大会が開催されていた東京・後楽園ホールで、糸川は日本アマチュアボクシング連盟の役員の一人と話し合った。

糸川が回想する。

「『今回の大会はプロ協会の主催やけど、アマチュアも中学生の大会をやるべきやなぁの? やっぱり、ジュニアの強化を図らんとオリンピックには勝てんやろう』と。そしたら『じゃ、糸川さん。今度の会議で提案してくれませんか?』って言われたもんで」

これを受けて糸川は日連の会議でプレゼンテーションを行なった。その準備を手伝ったのは、多工の英語の教師でボクシング部の顧問のひとり、高橋潤だった。高橋は愛知県一宮市の出身。小学生の頃、具志堅用高に憧れてボクシングに興味を持った。しかしボクシングを習う環境に恵まれず、競技として経験できなかった。ただ後年、テレビ局が主催する『ボクシング検定』で〝日本一〟の最高得点を記録するなど、そのマニアぶりは際立っていた。そして教師となって多治見市内の高校に赴任した際、多工の「ボクシング・スクール」に練習生として通い始めた。その縁もあり、高橋は糸川の退職後に多工に赴任、ボクシング部に関わった。

現在、県内の別の高校に勤務しながらイトカワジムに顔を出す高橋が回想する。

「糸川先生から『少年がボクシングをやっている映像を映し出したい』ということでした。テレビ番組のシーンを抜粋してＶＨＳにダビングしました」

高橋が選んだ映像は、高校王者からプロボクシング世界王者になった粟生隆寛の少年時代や、キューバの少年ボクシングの練習風景。

「糸川先生は少年期からボクシングを始めるメリットを説明されたんですね。同時に、多工での『スクール』の成功例を挙げ、〝学校体育〟の練習施設の利用を提案したんです」

その結果、日連主催の中学生の大会が始まった。

それから10年あまり。ボクシングの競技レベルは格段に向上した。高校ボクシング界にも顕著な実績を残す選手が現れ、プロボクシングでも従来では考えられなかったハイレベルの王者が誕生している。

その一方、元高校教師の糸川は戸惑いを感じることもある。

「子供のうちから始められんかった人、例えば高校から始めようとする子が入りにくくなったんやなぁかな…」

例えば２０１７（平成29）年春、岐阜市で開催された高校の全国選抜大会では、男子8階級中４人が2連覇を達成した。すなわち、小、中学生の頃から練習を始めた〝ベテラン〟が1年生のうちから実力を発揮した、と解釈できる。

「競技の普及を考えたら、本当にプラスになっとるんかなぁ…」

これについて、糸川と同じ時代に全国高体連ボクシング専門部を支えた神保俊弘も同意する。

「そうなんです、そうなんです！ジュニアの強化ということはわかります。でも高校生の大会なんです。高校を卒業してからも競技を続けるのはごく一部。

大多数の選手は高校で競技生活を終えるんです。高校生の大会をこんな全国規模で行なっている国なんて、日本以外には無いんです！」

　ジュニアの強化を目的としたものではない、高校生の大会として、もっと相応しい方法があるはずだ。神保はそう感じている。

「でも、その方法がわからない。相応しいものはあるはずだとは思うんですけど、それをどのように行なったらいいのか、今でもわからないんです」

多治見工業高ボクシング部の練習風景

多治見工業高ボクシング部の練習後のミーティング（2019 年 4 月撮影）

第十三章　競技の普及のため

一、隣町のジム経営

多治見市出身の元プロボクシング世界ランカー・安部悟は、２００４（平成16）年初頭、教員の退職とボクシングジム開設の準備が慌ただしくなってきた糸川の自宅を訪ねた。安部が回想する。

「多治見でボクシングジムを始めたい、という相談でした。プロの協会には属さない形で。家族で営む住宅基礎工事の会社の資材置き場にスペースがあるので、そこにプレハブを建てようかと」。

糸川は同じ町内に住む安部の両親とは古くから付き合いがあったが、アマチュアボクシングを経験せずしてプロデビューした安部とは初対面に等しかった。

「糸川先生は渋い顔をされまして、『おいおい、多治見じゃ、ボクシングジム２つは無理やぞ！共倒れになるぞ！』と」

どの街にもボクシングを始める環境があることは、競技の普及のためにも望ましい。糸川の夢でもあり、安部をできる限り応援したい。そう考えた糸川は安部に提案した。

「春日井市はどうか、と。会員を集めて採算を取ろうと思うなら、人口も多くて、ボクシングジムが無い街。糸川先生は『俺は年金があるからまだええけど、あんたはこれで生活せにゃならんのやろ？』と」

愛知県春日井市は名古屋市から多治見市へ向かう中間にある。人口は多治見市の倍の約30万人。多治見市とは隣接しているものの市境に峠を挟み、ＪＲ中央線で20分以上離れている。この立地条件から両市の間でボクシングジムの会員を奪い合う可能性は低い。

ミニマム級で世界戦を経験した安部は、現役を退いてから家業の住宅基礎工事業を手伝う傍ら、春日井市の飲食チェーン店に週1回のアルバイトに出向いていた。ボクシングジムは、そのチェーン店の経営者の個人的な興味から発案されたものだった。その経営者は構想の初期段階で偶然にも安部の存在を知り、ジムの会長に抜擢した。そして物件選びを含めた企画の全権を安部に与えた。

糸川は事あるごとに安部の相談に乗り、色々と助言を与えた。そしてイトガワジムのオープンから3ヵ月後、安部は春日井市役所の近隣でボクシングジムをスタートさせた。ジムの名前は安部の頭文字をとって『ABS』とした。

『ABS』ボクシングジムのPR活動の第一歩は、その年の5月に岐阜市で行なわれた、石原英康の世界初挑戦の試合会場でのビラ配りだった。しかし、いきなり躓いた。安部が回想する。

「会場でお会いした糸川先生にチラシをお見せしたら『アカン、アカン！商標の無断使用やぞ！早よ、回収せな！後で訴えられるぞ！』と」

商標を十分理解していなかった安部は糸川の指示に渋々従った。

「でも、やっぱり後からジムに指摘が来ましたよ、商標権者から」

しかし効果もあった。チラシをみた紳士が声を上ずらせて「私の職場の近くにボクシングジムができるんですか！」と安部に話し掛け、名刺を差し出した。春日井市にある中部大学の経営情報学部の教授、辻村宏和。この日は観客としてリングサイドにいた辻村が回想する。

「私は子供の頃からのボクシング〝フリーク〟です。安部さんには『是非、何か手伝わせてください！』と頼みました」

１９５３（昭和28）年、愛知県西尾市で生まれた辻村は、父親の影響で小学生の頃からテレビ中継があれば欠かさず観戦し、専門雑誌を毎月購読した。中学生の頃、元プロボクサーだったクリーニング屋の店長にボクシングの手ほどきを受けたことがある。

１９７２（昭和47）年、大学入学とともに上京すると、名門・笹崎ジムに練習生として通った。当時の笹崎ジムは世界王者・ファイティング原田が引退した直後だったが、日本、東洋クラスの実力ある王者が揃っていた。そこで富と栄光を夢見る同世代の男達の気迫に圧倒された。

「牛若丸原田、サルトビ小山、スナッピー浅野…、皆さん、あれだけ激しい動きをしながらスタミナが切れない。ジュニアウェルター級のライオン古山がサンドバックを叩けば、建物が崩れ落ちるのではないかと思うくらい揺れを感じました」

ボクサーは人間じゃない。化け物だ。とても自分には無理だ。そう感じた辻村はボクシングというスポーツを尊敬の念を持って観るようになった。

「そしてボクシングには何かに関わりたい、とずっと思っていたんですね。それで安部さんのジムに出会ったんです」

安部と辻村は早速食事の機会を持った。安部にとっても辻村の申し出はありがたいものだった。安部が回想する

「糸川先生の話ではないですが、ボクシングジムを〝教育〟につなげたい、と。教育者の方が協力して頂けるのはありがたい、ジムの顧問になっていただこう、とお願いしたんです」

辻村は快諾した。同時に愛知県のアマチュア連盟に出向く役員になってもらった。プロボクシングの経歴から安部はアマチュア登録が認められない立場だった。

また、この食事の席には辻村の妻・敬与（たかよ）

も加わった。敬与は短期大学の准教授で、ジムのホームページの立ち上げと運営を依頼した。

イトカワジムと同じくプロボクシングのライセンスを持たないジムではあるが、ABSジムと安部の背景は対照的だった。安部はアマチュアボクシングの経験が無く、「学校体育」としての部活動のボクシング競技も経験がない。また所属した松田ジムはプロ選手養成に特化しており、健康目的で通う練習生、会員がいなかった。そのため安部はパンチングミットを受けるという経験すら無かった。また経営に必要なロビー活動をできるのか、周りの関係者は一様に懐疑的な視線を向けた。

そこで安部は徹底した方針を貫いた。

「ロビー活動ではなく、常に会長の自分がジムにいる環境を作ろうと。そして、練習にいらっしゃった会員さんのミット打ちを必ず受けるようにしました」

確かにオープン当初は戸惑いもあった。「ボクシングの練習は厳しいもの」という固定観念から方針が定まらず、会員を当惑させた。ただ、指導歴が浅い分だけ、経験したものを取り入れる柔軟性があった。ボクシングに対する一途な姿勢とともに、明るく接する姿勢が受けいれられ、オープンから1年後に会員が150人を超えた。

また東海地区に存在するプロ非加盟のジムから〝スパーリング大会〟への参加を持ち掛けられた。この〝スパーリング大会〟は出場希望者の年齢や実力レベルを考慮し、適切な相手を選んで組み合わせる。安部はこの企画に加わった。

「やってみると、色々といいんです。選手として公式試合に出場するのではないジムの一般の会員には、普段の練習にちょうどいい目標設定なんですね」

安部は糸川にも声を掛けた。やはり日連の役員にも名を連ねる糸川の存在は大きく、スパーリング大会の充実度は増した。そして、そのイトカワジムから参加した1人に、当時、中学生だった田中亮明がいた。安部が回想する。

「亮明に見合う相手が難しかったですね。それなりの実力があった方がいいんですが、大人とは体格が合わないいんです」

亮明の相手は、ＡＢＳジムから成年女子のアマチュア選手が務めた。

ＡＢＳジムの練習生からプロボクシングの道に進んだ選手もいた。その第一号となった川島雅弘は眼疾で無念の引退となったが、Ａ級ライセンスまで上り詰めた。多北でインターハイに出場できなかった岡本匡史は、高校卒業後にＡＢＳジムで安部の指導を受けた後に畑中ジムからプロデビュー、西日本新人王戦の決勝戦まで勝ち進んだ。

ただ安部は、ジムを続けていく中で違う価値観を抱くようになった。きっかけは、ボクシング部が無い高校に通う練習生がインターハイに出場し、大学進学を決めたことだった。

「そりゃチャンピオンを育てたいですよ。でもそれより、ボクシングを通じてひとつ上の進路に進んでくれることがいいです。感謝されますし、やりがいがありますよ」

二、石原英康の転身

２００５（平成17）年6月、石原英康は愛知県体育館で2度目の世界戦に挑んだ。前年に逆転ＫＯで敗れたマーティン・カスティーヨとの再戦。石原はガッチリとガードを固め、自慢の強打を打ち込むスタイルに徹した。

石原は第7ラウンドに右アッパーでカスティーヨをリングに這わせるなど、見せ場を作った。しかし、この1年間で2度の防衛に成功したカスティーヨは一枚上手だった。序盤から軽いながらも回転の速い連打でポイントを稼ぎ、最後までスピードが衰えなかった。

試合から1ヵ月後、石原の支援者による引退を慰労する旅行が組まれ、これに中部大学の教授、辻村宏和が参加した。辻村が回想する。

「試合の直後でしたからね、まだ石原さんは今後については何も決めていないと言っていました」

石原は選手を指導することに興味を持っているが、具体的な目途は無いという。辻村は改めて石原に名刺を渡した。

「何か力に成れることがあれば何でもしますから。その時は連絡ください、と」

それから1ヵ月もしない8月、石原から辻村に連絡が入った。中部大学に科目等履修生として9月から入学し、教職免許を取得したいという。石原は駒澤大学在学時に教職課程を履修、4年時の教育実習まで済ませていたが、プロボクサーを志すことを決めた後は単位を取得せずに卒業した。教職免許の取得は駒澤大学のOBから勧められたもので、この時点で具体的な教員採用の話がある訳ではなかった。

辻村は快く引き受けた。石原が取得を目指す科目は地理・歴史で、残りは7科目14単位の履修が必要だった。大学への登校を週1回となるよう講座を選択し、親族が経営する会社を手伝いながら通学した。その傍ら、空いた時間を利用してABSジムでトレーナーの手伝いをした。

そして1年後、教員免許の取得を目前にした石原は畑中清詞を訪ねた。畑中が回想する。

「享栄高校で働けんか、ちゅう相談やった。ボクシング部の指導をしたぁと。そこで享栄やなぁて岐阜の中京高はどうや、って勧めたんや。ボクシングを創るみたぁで、教員免許を持った指導者を探しとるぞ、っと」

２００６（平成18）年、岐阜県瑞浪市にある中京高校（現・中京学院大学附属中京高校）を運営する学校法人安達学園は、広く分野を問わず「社会や人のためになることを実践したいとの思いを持つ個人、団体を支援する」目的で『安達賞』を創設、公募を行なった。

その存在を知った畑中は「副賞５００万円」に興味を持ち、〝ボクシングを通じた人材育成〟を主張して応募した。結局、その賞の選考から漏れたものの、これを機に安達学園側は「できれば教員免許を持っている指導者」を紹介してほしいと畑中に依頼した。中京高校でボクシング部を立ち上げる計画があるのだという。

回答を保留にしていた畑中の下にちょうど飛び込んできたのが石原だった。そして安達学園からの熱心なラブコールを石原は受け入れた。

10月に石原が着任するのを前に、中京高校の若手の数学教師、岩三（いわみ）大介は、ボクシング部立ち上げに向けて副顧問に任ぜられた。年齢は石原よりも一つ下、水泳部の顧問の一人だった。

「私は都合がよかったんでしょう。中京は全国大会を目指す運動部ばかりで指導も高い専門性が求められますが、私はそんなことができるレベルにありませんでしたから」

岩三が自嘲気味に笑いながら回想する。

「ボクシングについては全く知識が無い状況でした。ですからプロボクサーだった、チャンピオンだった、と言われて、一体どんな人が来るんだろうか、と」

だが石原に対する印象は初対面から覆った。

「とにかく真面目で熱心でしたね。細かいところまでしっかりと準備をしていました」

１年前まで世界戦に挑んでいたボクサーの異色の転身に、スポーツ紙が記事に採り上げた。そして全校集会で石原が紹介され、ボクシング部の立ち上げが伝えられた。しかしこの段階になっても、岩三の懸念は拭えなかった。

「部員が集まるのか、ということですね。ボクシングをやりたいという生徒が本当にいるのか、全く確信が持てなかったんです」

だが石原が紹介されたその日の放課後、2人の生徒が入部を希望してきた。心底から驚いた岩三は、思わずその生徒に理由を尋ねてみた。

「そしたら『僕ら、イトカワジムで練習しているんです』と言うんです。なんだ、経験がある生徒がいたのか、と」

糸川は中京高から電話で一報を伝えられた。突然の話に驚いたが、これまでもボクシング部の創設を訴えてきた経緯があるだけに、もちろん歓迎だった。

そして中京高の教頭で、後の校長となる和田尚が挨拶と相談を兼ねてイトカワジムを訪ねてきた。糸川が回想する。

「会って驚いた。『お久しぶりです！ 私、多治見北高校で体育の授業を教えてもらったんですよ！』って言うもんやから」

さっそく、石原を含めた中京高校の関係者と東濃地区のボクシング連盟の役員を交えて会食の席を設けた。そこで校内での練習環境が整うまでの間、イトカワジムを借りて練習を行なうことが決まった。

数日後、石原が創部間もないボクシング部を率いてイトカワジムを訪れた際、ジムで練習していたのは、こちらも入門してから間もない田中亮明、恒成の兄弟だった。

「出会いとは、こうして不思議と導かれるもんなんやなぁ」

当時を回想する糸川の感想だ。

ただ田中兄弟との〝出会い〟だけではない。石原の経験と知識は確かなもので、また指導者の熱意は高校生に響くもの。新設の中京高校はすぐに結果を残した。

創部1年目の２００７（平成19）年には国体に２名出場、うちライトウェルター級の蓼沼大地は5位入賞を果たしたのを皮切りに、２００９年インターハイではミドル級・近藤広貴が3位、国体でフライ級・飛田貴大が準優勝、２０１２年インターハイでピン級・安藤雄太が準優勝など。

そして岐阜県勢として10年ぶりとなる全国優勝を勝ち取ったのは２０１１年の山口国体、亮明と恒成だった。

決勝戦は隣り合う2つのリングで2階級ずつ同時に行なわれ、先にライトフライ級の弟・恒成、わずかに遅れてフライ級の兄・亮明の試合がスタートした。糸川と石原ら岐阜県の関係者は慌ただしく交互に視線を動かし、声援を送った。

先に試合が終了したのは恒成。この夏のインターハイで敗れた神奈川県代表、後にプロボクシングで世界王座を獲得する井上拓真との打ち合いを制し、判定で勝利を収めた。その勝利を告げる場内アナウンスを亮明は第3ラウンドの途中で聞き取った。更に気合いの入った亮明は終始ペースを握り、大差の判定で制した。恒成にとっては初の、亮明にとっては高校生活で最後の全国大会で掴んだ優勝であり、また兄弟同時の優勝は国体史上初の快挙でもあった。

三、スクール生から指導者へ　多工・古田貴久

２０１３（平成25）年より多工ボクシング部の顧問を務める古田貴久が回想する。

「中3の夏休みですね。同じ中学の一級下の坂口英輝に声を掛けられたんです。『多治見工業でボクシング・スクールが始まりましたよ。一緒に行きましょうよ』と」

幼馴染である坂口は、多工のボクシング部に在籍している兄からスクールのことを聞いたのだという。1997（平成9）年7月、多治見市内の中学3年生の古田は野球部の大会を終えた直後だった。

「高校受験の準備をしなくてはならない時期ですけど、なかなか勉強に気が向かなかったんです。進路指導では『多工で硬式野球をやる』と答えていたのですけど個人競技にも興味があったんです」

坂口に誘われてスクールへ顔を出した古田は、すぐにボクシングの面白さを知った。夏休み中は1回も欠かさず通い、スクールの日程以外にも放課後の多工に潜り込んで道具を拝借した。

「夏休みが終わる頃、糸川先生に言ったんです。『先生、僕、工業のボクシング部に入りたいです』と」

毎回欠かさず顔を出していた糸川は穏やかな口調で言った。

「『わかった。俺も応援するでね。その代わり、ちゃんと勉強をしとかなアカンよ』と。それでようやく受験勉強に取り掛かりました」

スクールに通うことは両親には内緒だった。しかし夏休みが終わっても毎週決まった時間に家を出ていくため、ついに両親に問い質された。そして正直に答えた古田は呆れられたという。

「『お前、工業で野球をやるんじゃなかったのか？』と言われて答えたんです。『いや、ボクシングをやりたくなった。3年生になる年に多治見でインターハイがあるんだ！』と」

両親は応諾してくれた。親戚中に反対されたようだが、「息子にはやりたいことをやらせる」との方針を貫いた。

古田は受験勉強の傍ら、スクールだけでなく多工ボクシング部の練習にも加わった。

「他の中学の生徒も参加していたんです。同じく受験を控えた同級生でしたから刺激になりました」

そして1998（平成10）年春、古田は多工セラミック科に入学すると、その1ヵ月後、いきなりインターハイ予選に出場するよう、糸川から言われた。フェザー級にエントリーした古田の初戦の相手は、同じくスクールに通っていた多北の新入生、久保直嗣だった。

「糸川先生が特例を認めて、配慮してくれたんですね。このデビュー戦は判定で負けました。久保はスクールの練習仲間でしたから、負けん気に火が付いたと言いますか、いいライバルでした」

古田は更に練習に取り組み、2年夏からボクシング部の主将を務めた。そして2000（平成12）年3月、多治見で開催された全国選抜大会に出場した。そして古田は開催地の高校の主将ということから、開会式での選手宣誓をまかされた。

「全国からの参加者の中で私しかできない、本当に貴重な経験した。役目を回して頂いた糸川先生には本当に感謝しています」

古田は宣誓の文面も考えるよう指示され、父親と一緒に考えた。ちょうど〃2000年〃という特別な年であることを内容に加えた。

古田は笑いながら回想する。

「何度も練習しましたよ。宣誓は試合よりも緊張しました」

古田は試合でも活躍、フェザー級で出場した久保とともにライト級で3位入賞を果たした。

古田は続く夏のインターハイにも出場、再び開会式での選手宣誓を務めた。

「最初の試合をビデオで観た両親は涙目でした。でも最後のインターハイの会場では誰よりも大声で応援してくれていました」

2001（平成13）年、多工を卒業した古田は関東大学リーグの強豪・拓殖大学に進んだ。大学時代はケガとの闘いでもあったが、全日本選手権に出場した。しかし、試合の組み合わせが悪かった。初戦の相手は同じ拓殖大学の先輩で、後のプロボクシング世界王者となる内山高志だった。

「内山先輩はリーチがあって全てのパンチが強い。対戦する相手はかわいそうだな、なんて同情してたんですが…」

今となっては笑い話として回想する古田だが、試合は厳しかった。第2ラウンド、古田は成す術無く内山の連打に晒され、レフリーにストップされた。

そんな大学生活を通じて、古田は体育教師になる夢を持った。体育教師となってボクシングの指導者になりたい。拓大で教職課程の単位を選択し、卒業後に日本体育大学を経て体育教員免許を取得した。

ただ、体育教師も、ボクシング部を指導するということも、極めて限られた枠しかない。古田は多工時代の指導者のひとりである細野光史に薦められ、岐阜工業高校に実習助手として着任、細野が監督を務めるボクシング部の指導に加わった。そして2008（平成20）年インターハイでの団体成績2位に貢献するなど、大きな成果を残した。

そして転機は2012年の岐阜国体だった。

「多工から出場者がいなかったんです、地元の岐阜国体に。母校がそれではさみしい、何とか部を立て直したい、と思いまして」

もちろん、多工を取り巻く環境は決して易しいものではない。糸川が在職していた当時の〝強化指定校〟は既に外され、また少子化の影響から入学定員は4科各1クラスに縮小された。ただ古田の意欲は全く揺らいでいない。

「中3の時に糸川先生と出会ったことが、私のターニングポイントになっているんです。そして今日まで、気持ちの中心に糸川先生がいらっしゃるんです。

自分がそうだったように、教え子たちにいい影響を与えることができるような指導者になることが、今も目標になっているんです」

古田は多工での指導はもちろん、県連盟の業務を行なって大会運営を支え、また時間の許す限りイトカワジムに出向いて指導を手伝うなど競技の普及を目指している。

「ご高齢の糸川先生にいつまでも頼ることも、ミットを持たせる訳にはいきませんからね。ここまで育てて頂いた恩返しを少しでも…使命ですよ、私の」

古田は笑顔で言う。そして２０１８（平成30）年夏、目標のひとつだった岐阜開催のインターハイに多工から出場者を送り出すことができた。

「まだまだです。全国の強豪と呼ばれるように頑張りたいですし…また指導者として糸川先生を目標に、越えなければいけない課題も多いです」

四、他競技からの挑戦

多北全日制ボクシング部の顧問を18年間努めた柏木克宣は、２００６（平成18）年に多治見工業高校へ異動した。

その一方、指導者によって活動が大きく左右されるのが公立高校の運動部の宿命である。多北ボクシング部は17年続いたインターハイ出場も途絶えた。平成18年に全日本女子選手権・軽量級演技の部で優勝した田中愛美をはじめ女子部員の活躍があったものの、部員は減少し練習環境も厳しくなる。部活動より学業優先となるのは進学校の当然の方針だった。

そんな状況の２００９（平成19）年春、時の校長・勝安信は糸川に運動部の「外部指導員」を頼み込んだ。糸川が回想する。

「昔、勝さんとは北高で一緒に働いとった。『糸川さん、ボクシングは危険もあるし、何とか手伝ってよ』って。外部指導員は非常勤講師の立場やね」

岐阜での国体を3年後に控え、特別活動を担当する非常勤講師すなわち運動部の「外部指導員」の予算を確保することができていた。少子化が進む中、岐阜県全体でもボクシング部員が減少している。何とか歯止めをかけたかった糸川は「外部指導員」を引き受けた。

「でも限界があるんやね、外部指導員は。週1回程度では何にもできんのよ」

糸川にはカイロプラクティックの仕事がある。毎日の練習を観ていられなければ、選手の健康管理の責任は十分に負えない。また学業重視の方針が強まる中、部員の練習参加が難しい日もある。

「勝さんに謝ったよ。すまんが俺が学校に行くんじゃやなぁて、部員がジムに来るようにしてくれんかな、って。それが精一杯やね」

2010（平成22）年4月、多北に入学した河口周悟は、入学から間もないある日の放課後、思いもよらない誘いを受けた。現在、大学を卒業して社会人生活を送っている河口が苦笑しながら回想する。

「体育館の1階を歩いているとボクシング部の練習場の鉄製の引き戸が開き、声を掛けられたんです。『あれ、君はボクシング部を探しているの？』って」

中から顔を出したのは3年生のボクシング部員。笑顔での勧誘だった。

「『いえ、そういう訳では…』と言ったんですが、『まあ、おいでよ。今日は体験入部だから』と…」

偶然、体育授業のためのシューズを手に持っていた河口は、断わり切れずにリングに上げられた。

「『まず、ステップを教えるね』と言われるがままに真似をしたら、『おっ、うまい、うまい』。そうして練習が終わるまで付き合ったら『明日も体験入部をやるよ。パンチを教えるからおいでよ』と」

河口の父親は少林寺拳法の有段者でボクシング好

きだった。その影響で河口も興味が無かった訳ではない。河口は誘われるがままに何回かの〝体験〟を続けた後、入部を決めた。

「入部はしたんですけど、〝廃部寸前〟だな、と。その時のボクシング部の第一印象です」。

同じ平成22年3月、新年度から岐阜県の公立高校の正規の体育教師として着任する上野豪史は、同じ新人教員が一同に集められた場で、赴任先が多治見北高校であることを知らされた。現在は岐阜県の他校で体育教師を務めている上野が回想する。

「何かの間違いではないか、と思いましたね。誰か他の人と間違えられているのではないか、と」

予期せぬ高校名に、上野は役員に問い直した。しかし、それは誤りではなかった。同時にボクシング部の顧問となることが告げられた。

「目の前が真っ暗になりました。フェンシングの指導ができないのか、と」

岐阜市に生まれ育った上野は中学まで野球に打ち込み、羽島北高校に入学と同時にフェンシングに出会った。在学中に全国選抜大会フルーレ部門で3位に入賞。その後に進学した日本体育大学では日本代表としてポーランド遠征を経験した。

体育教師は中学生の頃から抱いた夢だった。日体大で教員免許を取得した後、フリーターを1年間、岐阜県のスポーツ科学トレーニングセンターでの勤務を2年間、そして臨採講師として1年間務めた末、岐阜県の体育教員に正規採用された。その間もフェンシングから離れることはなかった。小学生から一般まで、指導者としての実績を十分に積んできたつもりだった。

岐阜はフェンシングの強豪県。1965（昭和40）年の岐阜国体を前に競技開催地を中心に5つの高校にフェンシング部が創設された。以来国体の優勝は

10度、県内の5校全てが全国優勝を経験するなど高い競技レベルを誇る。その中の2校に新人の体育教師が配属されると聞いていた上野にはショックが大きく、納得がいくものではなかった。

「着任の祝いを兼ねた酒席で、フェンシングの役員に嘆いたんです。どうして私が外されたんですか！どうしてフェンシング部が無い多治見北高で、しかもボクシングなんですか！」

体育教師が自身の専門競技を指導できないことは、確かに異例のことだ

「その役員の方は私の愚痴を落ち着いて聞いてくださいまして…そしておっしゃったんです。『俺だったら、いい機会だと捉える。他のフェンシングの指導者が経験していない、全く新しい知識を吸収してやろう、と思うかな』」

上野はハッと気づいた。確かに、フェンシング一本だった自分には全く新しい経験。そうだ、せっかくなら活かしてみよう、と。

そして多北に着任し、糸川と顔を合わせた。上野が回想する

「初めてお会いした時に言われたんです。『フェンシングもボクシングも変わらんから大丈夫やよ。何でもやりたいことをやってみてよ』と」

温厚な方だな、というのが第一印象だった。ボクシングに対して抱いていたイメージとも違っていた。

上野は糸川から簡単な練習方法の説明を受けた。しかし、それだけ。常勤ではない糸川と、教員として一緒に活動できる時間はほとんど無い。上野にとって指導の手本となるのは、ボクシング部の現役部員と他校の指導者だった。中でも強烈な印象を受けたのは、中京高校で指導にあたる石原英康だった。

「生徒、部員のことに、あそこまで深く入り込む姿をフェンシングでは見たことが無かったんです。ボクシングとは、そうまでして指導するのか、と」

元プロボクサーという異色の経歴に興味を持った上野は、インターネットの動画サイトで石原の現役時代の試合を検索した。

「ゴングが鳴って選手がグローブを合せますよね。石原さんは実に丁寧に、礼儀正しく合わせるんです。人柄が滲み出ているようで、一発で虜になりました」

上野は合同練習や試合前のウォーミングアップの場で石原の動きを追った。見よう真似ようでミットの受け方を工夫してみた。

少しずつボクシングのことがわかってきた上野にとって一つの転機となったのは、その年の8月、インターハイ後の夏休みを利用して岐阜工業の練習場で行なわれた岐阜県と神奈川県の合同練習会だった。岐阜県側は全てのボクシング部員が参加し、一方の神奈川県の遠征チームは3人のインターハイ王者が加わるトップレベルの選手たち。その動きに、上野は目を奪われた。

「高校生の全国トップレベルとはどのようなものか、全く知らなかったんです。勿論、フェンシングならわかるんですが…」

同時に自分が受け持つ多北の部員たちとのレベルの格差を痛感した。

「練習を終え、部員を集めて語りかけたんです。『君たちにはっきりと聞いておきたい。君たちは部活をどうしたいの？部活として運動をしたいの？それとも試合に勝ちたいの？』と。私がいつもより真剣だ、と口調で感じ取ったんでしょうね。部員たちは暫く黙り込んでしまいました」

すると、1年生の河口をはじめ部員達が口を開いた。

「『やるからには、勝ちたいです！』と言い始めたんです。そうか、勝ちたいか。じゃあ、勝てるよう、何から何まで全てを変えてみようか、と提案したら『はい、がんばります！お願いします』と」

上野らは早速〝改革〟に着手した。まず、ユニフォームとジャージを変えた。現役の部員にとっては部の伝統を思う心苦しさはある。しかし意識改革を優先した。

そして上野はバランスと体幹の強化トレーニングを詳しく説明して実践した。糸川の言葉ではないが、フェンシングもボクシングも一対一で向かい合う競技。ステップインとステップバック、すなわち前後の素早い動きは相通じるものがある。

「あとは持久力。試合を観ていて思ったのですが、ほとんどの選手が最終の第3ラウンドに入ると動きが鈍ります。ならば動きが落ちさえしなければ勝てるのではないか、と」

部活動の時間の制約がある中、ロードワークに時間をかけることも難しい。そこで上野が採りいれたのは３００メートル走だった。

「全力でダッシュ走をするのに１００メートルでは短く、４００メートルでは長過ぎる。持久力を鍛えるのにもうひと頑張りできるちょうどいい長さ。それに北高のグラウンドのトラックが1周３００メートルだったんです」

1年生部員だった河口が回想する。

「この３００メートル走は朝、始業前の30分に組み込みました。ただ、北高では毎日の授業で小テストが実施され、落第点なら翌朝に追試を受けなければならないですので、練習するためには勉強もやらなきゃいけなかったですね」

この練習の成果は感じられ、部員達は眼に見えて逞しくなった。しかし、すぐに結果に結び付かなかった。1年後のインターハイ県予選では多北の全員が敗退した。

その中でウェルター級に出場した河口は第3ラウンドにレフリーに止められた。上野はこの結果を淡々と、冷静に受け止めた。技術面の細かい差は正確にはわからない。ただ体育教師として、スポーツ指導者として、妥当な実力差と結果だったと認識した。しかし河口は号泣した。上野が回想する。

「あんまりにも激しく泣くものですから、河口に声を掛けたんです。お前、なんでそんなに泣くの、って。すると河口が言うんです。『だって悔しいじゃないですか！必死に練習して、減量して、寝る間を惜しんで勉強して…こんなに苦しい思いをしたのに負けたんですよ！』と」

上野は強いショックだった。

「選手たちはこんなに強い想いを抱いて挑んでいたのか。心を十分に理解できていなかったんだな、と。改めて思いました。より一層、やるだけのことをやってみようと」

そして河口は更に地道に基礎体力トレーニングを重ね、上野は可能な限りのサポートを尽くした。

「河口は〝自分で考えること〟については天下一品だったと思います。よく考えて工夫していました」

その成果は、3年生になって大きく花開いた。多北では5年ぶりとなるインターハイ出場を果たし、秋に行なわれた岐阜国体では堂々の5位入賞を果たした。

河口の活躍に糸川も大いに喜んだ。そして糸川は自身が監督を務める中央大学に河口を誘った。河口が回想する。

「大学でボクシングを続ける気はなかったんですね。普通に国立大学を受験しようと思っていましたから」

しかし、インターハイで敗れた選手が関東大学リーグの競合校に進学すると聞き、競技者としての血が騒いだ。そして何より心を揺さぶられたのは、糸川の熱心な誘いだった。

「糸川先生に言われたんです。『あんたは俺の再来だ！』、『あんたの力で中大ボクシング部を変えてくれ』っと。それぐらい熱さを感じる表現で、真剣な眼差しででした」

そして河口は中央大学へ進学し、ボクシング部に入部する。当時、中大は低迷を脱し切れず、関東大学リーグの二部に甘んじていた。

「入学後、まず同期の部員に声を掛けたんです。勉強もしっかりやろう、と。まずはそこからやろうじゃないか、と」

河口らは練習後に運動部の合宿所の自習室に集まり、勉強に取り組んだ。その河口の大学生活は肩の故障もあり、決して順調な時期ばかりではなかった。しかし、河口の大学生活の取り組みには糸川も驚きを隠せなかった。

「中大の体育会の会計を任されていたんだな。ボクシング部から会計の仕事をするなんて、初めてのことやなぁかな」

各競技で全国トップレベルが集う中大体育会の年間予算は1億円を超える規模になる。そしてもうひとつ、糸川が携わった生徒の中で初めて、河口は多治見市の成人式で挨拶を述べる新成人代表に選ばれた。選考の理由は〝文武両道〟とされた。

「ボクシングから新成人代表に選ばれるなんて…夢みたぁな話やな！」

そして河口は最終学年の2016（平成28）年、関東大学リーグ戦の二部優勝と一部復帰を果たした。そして秋には全日本選手権に初めて出場してベスト8に勝ち進み、充実の大学生活を終えた。

一方、上野は岐阜国体を終えた翌春、異動で多北を去った。ボクシングを離れ、フェンシングの指導に戻った。

「とてもいい経験をさせて頂き、視野が広がりました。ただ感謝しています」

ボクシング部と同じく、フェンシング部も高校が限られる。この先、体育教師を続けていく中で、常に指導に携わる環境にいるとは限らない。

「一つのスポーツの指導に長く関わり続けるのも良

し。体育教師として色々なスポーツに携わるのもまた良し。いずれの立場でも幸せなことだと思いますね」

そして高校のスポーツに携わる者として、生徒たちに対する願いは競技種目による違いはない、という。

「自分のやってきたスポーツを嫌いにならないでほしいですね。色々な関わり方があるでしょうが、興味を持ち続けてくれたらいいですね」

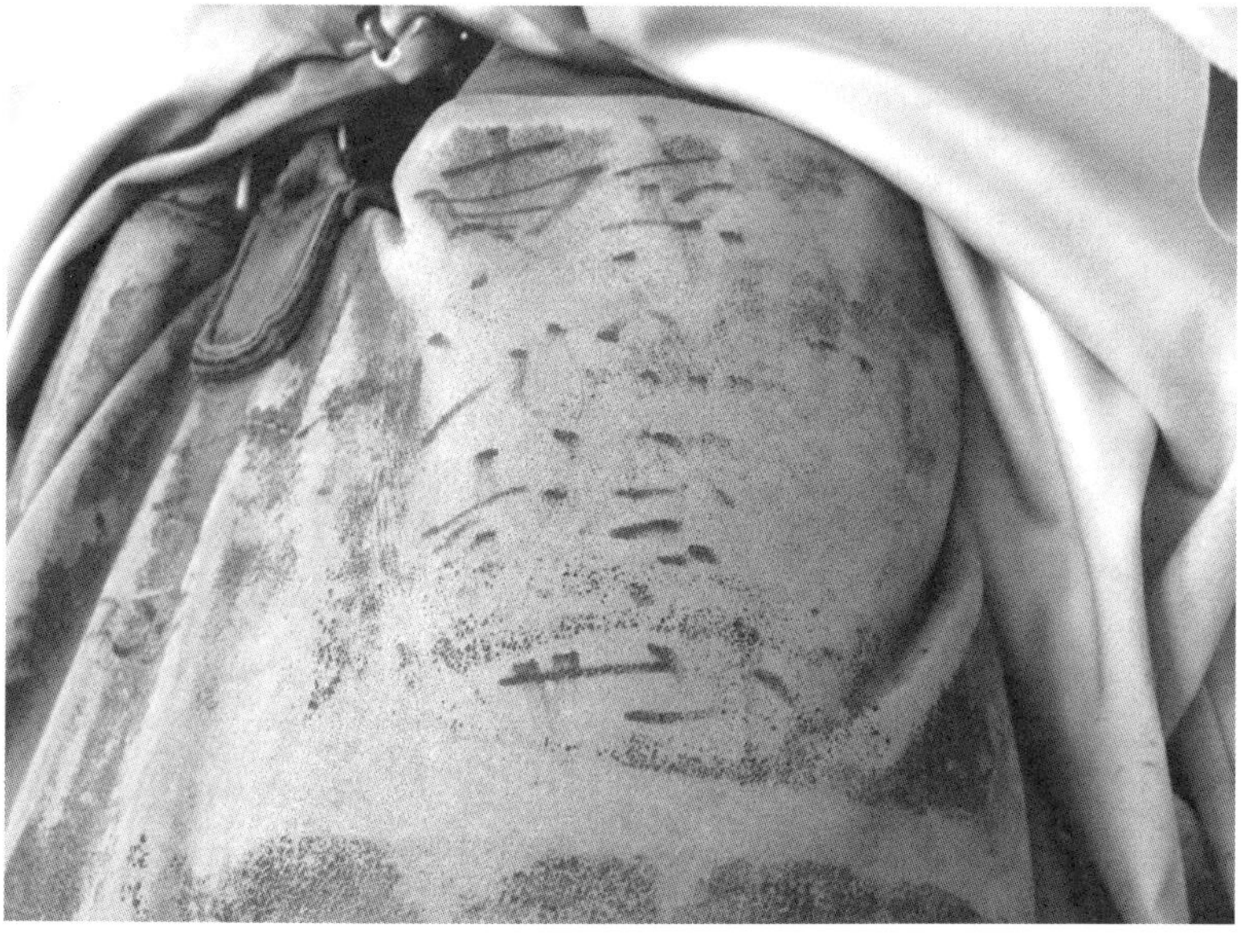

『東京オリンピック』の文字が残るサンドバッグ（2019年4月撮影）

第十四章　桜井孝雄

一、長男　大佑

２０１２（平成21）年1月10日、糸川のもとに桜井孝雄の訃報が届いた。享年70歳。食道がんだった。

桜井の長男で、現在、父のジムを継いで会長として経営する大佑（だいすけ）が回想する。この時、大佑はまだ20代だった。

「糸川先生に電話しました。家族葬を執り行ない、後日『お別れ会』を開く意向をお伝えすると、糸川先生は『それがええよ。あんたも親父のジムを継ぐんだったら、そこはしっかりやっといた方がええよ。中大のボクシング部も手伝うから』とおっしゃってくれました」

大佑は１９８５（昭和60）年、桜井孝雄が43歳の時に生まれた子だった。当時、桜井は不動産業に従事し、ボクシング界との関わりは薄かった。

「親父は表に立つことを好まなかったですね。色々と誘われたと思いますが、断っていたみたいです」

大佑が記憶する限り、桜井は時々届くパーティーへの招待やテレビの取材には応じない。ボクシングの試合場に出向くこともなければ、テレビ中継もほとんど観ようとしなかった。

しかし千葉県船橋市の自宅には東京五輪の記念品があり、表彰台で金メダルを掲げる桜井の写真が掲げてあった。そして来客は皆、その写真を見ながら昔話を語り合い、笑顔で帰っていく。

「ですから、子供心に、ああ、父は凄い人なんだなぁってわかりましたし、尊敬しましたよ」

その桜井が東京・築地でボクシングジムを開いたのは大佑が小学4年生の時だ。「いつでも遊びに来いよ」と誘われた大佑は中学生になるとひとりで電車に乗って足を運んだ。そして中学3年生になる直前、本格的に競技を始める気になった。

「〝あの桜井孝雄の息子〟と言われるのは当たり前です。だったら親父に頼らずとも強くなってやろう、っと」

桜井もその親子関係を表に出そうとしなかった。しかし還暦間近の桜井は大佑の毎朝のロードワークに付き合い、自宅でもボクシングの映像を観ながら指導した。そして大佑はボクシングの強豪校であり、自宅から自転車で通学できる習志野高校を進学先に選んだ。

「中学3年の夏休みですね。習志野の監督への挨拶も兼ね、インターハイを観に行こうと親父に誘われまして。それが多治見の会場でした」

２０００（平成12）年8月、中学3年生の大佑は桜井と中央大学ＯＢに連れられ、多治見市総合体育館で行なわれているインターハイ会場を訪れた。

「よく覚えていないのですが、親父と一緒に事務室みたいな部屋へ行き、糸川先生を紹介されたはずです。糸川先生は忙しく動いておられましたから、短くですが、激励の言葉を頂きました」

多治見での滞在は1泊2日、準決勝と決勝戦が行なわれる日程だった。宿泊先は土岐市・柿野温泉の旅館。多治見駅からも試合会場からもタクシーで30分の距離だ。

「親父は自分で宿を探すような性格ではありません。糸川先生が手配してくれたんです」

その桜井は多治見にいる間、落ち着いており、何か懐かしさを感じているようだった。

「詳しく話さなかったのですが、父は多治見に来たのが初めてではなかったようでした」

糸川が記憶する限り、桜井と多治見で会ったのはこの時が初めてだった。糸川が多治見に移住するより前の記録を辿ると、１９６３（昭和38）年夏、翌年の東京五輪に向けたボクシングの代表候補選手38名を集めた強化合宿が、2年後の国体開催が決まった多治見市で行なわれていた。東京五輪の公式「選手強化報告書」には参加者の名前は記されていないが、桜井がそれに加わっていたならば多治見には37年ぶりの訪問だったことになる。

ちなみにこの多治見での強化合宿では、国宝に指定（昭和27年）されている永保寺（多治見市虎渓山町）が会場となった。永保寺は鎌倉時代末期の１３１３（正和2）年に創建された臨済宗南禅寺派の古刹で、禅寺として修行僧が集まることで知られる。「選手強化報告書」によると、ボクシング競技の候補選手に対して様々な〝精神強化〟すなわちメンタルトレーニングが図られたが、代表監督・田中宗夫らは「役に立ったのは二子山親方（注・初代若乃花）の精神訓話と多治見・永保寺での座禅くらい」と総括している。

習志野高校で鍛えられた大佑は、新3年生の春、即ち２００３（平成15）年の選抜大会に出場した。

大佑が回想する。

「試合前の検診の場で、糸川先生に声を掛けて頂きました。『大佑、覚えとるか？久しぶりやな！頑張れよ！』っと。さすがにすぐに思い出せなかったのですが、中央大学ＯＢであることがわかりました。『ありがとうございます』と短く返事しただけですが」

この時、糸川は全国高体連専門部委員長の役職にあり、定年まであと1年を残す段階だった。一方、大佑は著しい成長を遂げ、夏のインターハイに出場。秋の国体では3位入賞という好成績を収め、関東大学リーグに属する強豪大学から誘いを受けた。そして大佑が選択したのは父の母校・中央大学ではなく、ライバル・明治大学だった。大佑は苦笑いしながら回想する。

「中央大学さんからお誘い頂きました。とても嬉しかったですよ。でもキャンパスが八王子でしょ?親父のジムを手伝おうと思っていましたから、自宅からの通学が大変なんですよ」

二、桜井の復権と別れ

２００４（平成16）年6月、糸川はイトカワジムのオープンセレモニーに桜井を来賓として招待した。糸川の最初の教え子で、東濃地区ボクシング連盟の副会長の立場にあった坂崎勝は、桜井の来場を知って驚愕した。

「セレモニーの座席表を見たら、自分の隣が、あの桜井さん！我々の世代でボクシングをやっている者はみんな憧れたんです！『先生！なんであの桜井さんが来ているんですか！』って聞いたら『おお、俺の大学の先輩やもんで、招待したんや』って。そんな繋がりがあったなんて、聞いてなかったですよ！」

坂崎はセレモニーに畑中清詞が参加することを聞いており、色紙を一枚だけ用意していた。

「サインをお願いしたんです。そしたら桜井さん、おお、いいよって。そして畑中さんにも頭をさげたんです。すみません、裏面でいいですかって…」

金箔が散りばめられた面に金メダリスト、白無地面に世界王者。坂崎の家宝となるサイン色紙を手に入れた。そして全く予想もしていなかった展開に、坂崎は冷静さを失った。

「すっかり舞い上がってしまいまして…今から思えば、本当にバカなことを聞いたものです。『五輪の金メダルとプロの世界タイトルはどちらが難しいんですか?』っと…」

本人も周囲も驚いた金メダル獲得と、悔いが残る世界戦の惜敗。桜井にとっては、最も答えにくい質問だったろう。しかし、桜井は冷静だった。

「『ピークの持って行き方が違う』とおっしゃっていました。『五輪は4年に一度。４年間の準備期間を使って自分のピークに持っていく。一方、世界戦の場合、試合が決まってから短期間でピークに持っていく』と」

糸川が全国高体連ボクシング専門部の委員長の任期中、『高体連ボクシング専門部五十年史』の編纂にあたって多くの関係者、ＯＢから寄稿文を集めた。その際、糸川は桜井に寄稿文を依頼した。糸川が回想する。

「築地のジムを訪ねて頼んだんやな。そしたら『寄稿文？構わんが、何にも記録が残っていないし、よく覚えていないぞ』と言うもんやから、『ええです。こちらで調べて書いてもってきますから』」

糸川は高体連に残る記録や古い記事を見つけ、原稿を書き上げた。

『先輩、原稿はこれでええでしょうか？』て持って行ったら、その場で黙って原稿に目を通し、『ああ、これでいいぞ』と。あっさりやった」

『五十年史』刊行から6年後の２００９（平成21）年、糸川は中央大学ボクシング部創部80周年記念事業の責任者に指名され、記念誌の編集に携わった。そこで企画されたのは、中大が輩出した２人の五輪メダリスト、田辺清と桜井孝雄の対談だった。

この提案に対し、田辺は快諾した。しかし桜井の返事はつれないものだった。桜井に依頼した糸川が回想する。

「『糸川、お前もわかってるだろ？俺は中大からもアマチュアからも除名された身だぞ。今更、出ていける訳ないだろ！』って」

母校の、ボクシング界の功労者が、半世紀近く齢を重ねても心の傷を抱えている。糸川は虚しくなった。だからこそ、この対談企画の意義を感じた。

「桜井さんに言ったよ。今更、何言ってんですか、って。先輩の処分を下した人たちは、皆、お亡くなりになりましたよ。これからは残った私達で決めりやええやなぁですか、って」

そして桜井はようやく重い腰を上げた。改めて形式を整えるまでもなく、桜井の〝復権〟を実現した。

しかし、その翌年の2月に開催された創部80周年の記念式典の会場に桜井の姿は無かった。桜井はこの頃すでに体調不良を訴えていた。

2012（平成24）年3月、桜井孝雄の『お別れ会』では中央大学の現役部員は最寄りの駅から会場までの誘導役を手伝った。また、桜井への弔辞は田辺清が読み上げた。

あれから七回忌を終えた今なお、イトカワジムには桜井孝雄の訃報を伝える雑誌記事のコピーが掲示されている。

1964年東京五輪ボクシング代表候補選手の強化合宿で座禅が行なわれた永保寺。観音堂と開山堂は国宝、庭園は国の名勝に指定されている

最終章　これから

一、糸川の変化と時代の流れ

「ボクシングから2年続けて成人式の代表がでるなんて！昔を思えば奇跡的なことやなぁ」

２０１６（平成28）年の多治見市の成人式で、田中恒成が新成人の代表に指名された。前年の河口周悟に続いての選出だった。選出理由は同じく〝文武両道〟とされた。

またこの年、イトカワジムで育った2人の選手が〝日本一〟に挑むチャンスを得た。春の全国高校選抜大会のピン級で今尾嵐が、そして秋の国体成年の部のライトフライ級で駒澤大学の杉山広将が、それぞれ決勝戦に勝ち残った。２人ともイトカワジムでボクシングを始め、田中斉の教えを受け、中京高校で石原の指導を受けた選手だ。しかし、改めて〝日本一〟が高く険しいものであることを認識させられた結果となった。

更にこの年の11月、畑中清詞の長男・建人がプロボクサーとしてデビューした。中学生でボクシングを始めた建人はイトカワジムでも練習を行なったことがあり、名古屋市の自宅から瑞浪市・中京高校に通って石原英康の指導を受けた選手だ。恒成に続きチャンピオンベルトを持参してジムに来てくれるのか、糸川には新たな楽しみが増えた。

その一方、糸川は6月に中央大学の総監督を退任した。活動を共にしてきたボクシングの関係者は糸川の変化を察した。さすがに糸川先生も行動を絞るようになったんだな、と。

多工の近くの商店街に「コーヒー専門店」を謳う喫茶店がある。糸川が独身時代から馴染みの店だ。

多工に勤務していた当時、職員会議にコーヒーの〝出前〟を頼むのが楽しみだった。

しかし時代の流れの中、公立高校の〝出前〟に〝入札〟が課せられるようになり、名古屋の業者が加わったことで地元の店が締め出された。次に経費削減が求められ、採算の合わない業者が撤退。そして最後は、各自で缶コーヒーやペットボトルのお茶を持参するようになった。

時々、糸川は疑問に感じることがある。何事も制度化され、世の中が整備されていくのは理解できる。ただ過度な制度化の中で、職人気質が残るのか、その道の真のプロが育つのか。長年、子供たちに語ってきた「人に感謝される仕事に就きなさい」という教えがちゃんと通じるのか。

ボクシング競技の在り方に対しても同じ。

日本ボクシング連盟はこの２０１６年からセコンドのライセンス制度を施行した。ライセンスはＣ級が県大会、Ｂ級が地区大会、Ａ級が全国大会とレベルが区別され、それぞれ講習会の受講が必須となる。糸川のように長年の経験があっても一定の受講が求められる。糸川はＣ級ライセンスのみ受講した。「もう歳やし、受講の時間も取れんでね」と苦笑いしながら話すが、内心は納得しきれていない。

「ルール化するのは理解できるよ。でもね、あんまりルール、ルール言うと、これから始めてみようをする人が躊躇しちゃうんやなぁかな…」

二、亮明と恒成

「おお、あれな！どういうことや？」

２０１６（平成28）年3月、糸川は自宅に届いた新聞の朝刊の記事に愕然とした。国際ボクシング連盟（ＡＩＢＡ）が、今夏のリオ五輪からプロボクサーの出場を全面的に解禁するという。

「予選が進んでるやろ？　どういうつもりなんや？」

この前月、糸川は多治見市の広報に田中亮明の活躍を紹介する文章を寄稿していた。

『弟の恒成はＷＢＯ王者。兄の亮明はアマチュアにこだわり、オリンピック出場を目指す』

亮明は駒澤大学で国体や全日本選手権を制するなど国内のトップ選手として活躍。同時にアマチュアボクシングという競技に携わって貢献していきたいという思いを抱くようになり、教員免許を取得してこの春から母校・中京高校の社会科の教師に着任することになっていた。

糸川は寂しそうに吐き捨てた
「あんなのもうオリンピックやなぁよ。別のスポーツ大会と呼んだ方がええんやなぁか…」

糸川が生涯を通じて携わり、そして矜持を持ち続ける〝アマチュア〟。

「まあ、プロとアマは別競技。たとえプロでも、アマのチャンピオンになったことがなぁ人は簡単に勝てんよ」

試合のラウンド数、細かなルール、採点方法、計量の制度とコンディションの作り方など、異なる点は多い。

「でも次の東京五輪はわからんなぁ。プロが出場しやすいようルールを変えるやろうな…」

糸川にとって五輪のあるべき姿とは、兄・照雄が挑み、先輩・桜井孝雄が輝き、監督・田中宗夫に人生を導かれた、あの１９６４年の東京大会。

しかし皮肉なものだ。ＩＯＣによる五輪の厳格なアマチュアイズムの主張によって桜井が翻弄された半世紀後、五輪の〝プロ〟化の波にボクシングが最後まで取り残されている。

3月、中国・遷安市で行なわれた、リオ五輪のアジア・オセアニア地区予選。この大会で3位以内に入れば五輪の出場権を獲得できたのだが、亮明はその目前の準々決勝でウズベキスタンのシャホビディン・ゾイロフに判定負けを喫した。日本チームによる公式の戦評によれば、亮明は第1ラウンド終盤に「両者のスピーディーな駆け引きから相手の前の手を軽くもらっただけ」の「全く理解できないダウン」を奪われ、「相手の苦し紛れに放つスラッピング・ブロー」が「有効打として評価された」ことが影響して「非常に悔しい試合」となった。ちなみにスラッピング・ブローとは「オープンブロー」と同義で、本来なら有効打とはみなされない。

続いて6月、アゼルバイジャンでの最終予選に挑んだ亮明は2回戦で判定負け、五輪出場を逃した。こちらも日本チームの報告によれば「クリーンヒット、戦術・技術を伴った主導権、積極性、反則、どれを基準としても田中の優勢だった試合」でありながら「不可解な採点に阻まれ」た「本当に残念な一戦」だったという。

ちなみに亮明がアジア予選で敗れたゾイロフはリオ五輪で金メダルを獲得した。亮明が高い実力レベルで競っていたことには疑いの余地は無い。

7月16日、糸川は予選を終えた亮明と初めて顔を合わせた。

最終予選を終えて帰国した亮明は自動車教習所へ通う時間に追われていた。7月末に始まるインターハイでは中京の部員の引率の仕事が控えており、その後も新人教師としての業務が待っている。もしこの機会を逃せば、当分の間、運転免許の取得はお預けになってしまう。この日も糸川の呼び出しに、亮明がようやく夕方の1時間だけ都合をつけ、ジムに現れた。

「亮明、どうだ、教師の仕事は少しは慣れたか？」

「そんな、全然ですよ！まだ、何にも役に立ってないです」

亮明は恐縮しながら答えた。

「それもそうやな。無理もなぁか」

糸川は笑顔を浮かべ、2人はそのまま道向かいのハンバーガーショップへ移動した。

「忙しいところ、呼び出してすまんかったな。20日までに書類を提出せなあかんからな、間違ってなぁかどうかチェックしてほしいんや」

書類は多治見市から要請されたもの。顕著な成績を収めた競技者を讃える記念プレートを市営の陸上競技場に設置するのだという。国体と全日本選手権を制した亮明はその対象者に挙げられ、市のボクシング連盟の責任者である糸川に打診があった。

「チェックできました。大学1年だけライトフライ級。あとはフライ級ですね。他に大会の回数、開催地は間違っていません」

「そうか、ご苦労さん。あとな、多治見市からは言ってきてなぁけど、モントリオールのプレ大会もついでに書いといてやるから」

「モントリオール?リオですよ、リオ!リオデジャネイロ!」

亮明が笑って指摘する。

「ああ、そうや、そうや、リオ、リオ!これは危なかった!」

糸川も思わず苦笑いした。

「ところで亮明、俺が50年前に全日本で優勝したのは岩手県水沢市(現在の奥州市)。アンタと同じなんやよ」

「えっ、そうだったんですか!すごい縁がありますね!」

「そうやで、多治見市からは言ってきてなぁけど、今回、俺もついでに申請してみようかと…」

「でも先生、優勝された時はまだ多治見市民ではなかったのでは…」

「そういやそっか…まぁ、ええやなぁか!　ダメもとや！」

　ふたりが笑いながら書類を片付けると、ちょうど亮明が注文したハンバーガーが運ばれてきた。

「すみません、ご馳走になります。頂きます」

　亮明が会釈しながら手を合わせ、ハンバーガーを両手にとってかぶりつくと、糸川が五輪予選について切り出した。

「まぁ残念やったけど…でも、おかしいやろ？　どうなったらあんな判定になるんや！ダウンも取り消されたそうやなぁか！」

「2ラウンドですね。左ストレートが当たったんです。手ごたえもありましたし、相手もふっとぶような倒れ方だったんですけど…」

　糸川の話が止まらなくなった。単なる判定の問題に留まらない、アマチュアボクシングへの想いが籠ったもので、終いには過激なＡＩＢＡ批判にも及んだ。ただ、内容はユーモラスな表現に富んだ、優しい口調だった。

「まあ、自分はまだ現役ですから」

　亮明も思わず笑みを浮かべた。ただ、そういう亮明は、この時点で次の大会出場は決まっていない。新社会人としての生活と今後の競技活動をどう両立していくか、先行きは不透明だった。そしてその両立の難しさは、糸川自身もよくわかっている。

「でも、先生。負けはしましたけど、みっともない試合はしてきませんでした」

　静かだが力強く、亮明は堂々とした表情で糸川に言い切った。

「頭をぶつけ合ってグチャグチャに打ち合って…そういうどっちが勝ったかわからないような、みっともない試合はしていません。距離を取ってちゃんと相手のパンチをかわし、ストレートをきちんと当てて…自分のボクシングをやってきました！」

その後、亮明は４年後の東京五輪を目指すことを決めた。

そしてその年の秋の全日本選手権では優勝を飾り、大会の最優秀選手に選ばれた。全日本選手権の連覇と教師としての優勝。いずれも糸川が成し得なかった快挙だった。


２０１６年８月中旬の畑中ジム。盆休暇で世間もジムも閑散とする中、恒成は意欲的に汗を流していた。この日はトレーナーの父・斉は不在だったが、練習に集中できる環境を求めてジムの近くで一人暮らしを始めた恒成の日常は変わらない。

前年に獲得したミニマム級の世界タイトルを返上した恒成はこの３ヵ月前の５月、階級をライトフライ級に上げて臨んだ世界前哨戦で圧勝。しかし、その試合で痛めた右手の負傷が長引いていた。この日も左手だけにグローブをはめ、独りでひたすらにサンドバッグに向き合っていた。

ジャブ、ストレート、フック、アッパー、素早いサイドステップを交えて三連打、四連打…　ハッ、ハッ、と気合いの発声をあげながら打ち込む強打にサンドバッグが激しく音を立てて揺れる。そして３分間のラウンドの終了を告げるブザーが鳴ると、恒成は呼吸を整えながら次の動きを模索する。全てのことを自分で考えて工夫するのは、少年期からの習慣だ。

その様子をベンチに座って黙って観ていた畑中清詞がつぶやいた。

「色々、交渉はしとるよ。ただ、なかなか思うようにいかん」

恒成の次戦はまだ決まっていない。プロモーターとして、世界戦の、興行の難しさは熟知している。

「長くできるスポーツやなぁでね…わかっとるよ、チャンスを早う作りたぁけど…」

畑中は常々「ボクサーの寿命は10年」と口にしてきた。もちろん、この「寿命」に統計学上の根拠を示すのは困難だろう。ただ、14歳で松田ジムに入門した畑中は24歳で引退した。では11歳で初の〝試合〟を経験した恒成の〝寿命〟をどのように考えたらいいのだろうか。

そして、恒成自らが掲げる目標を、どこまで成し遂げることができるのだろうか…

その年の大晦日、恒成はライトフライ級の世界戦で快勝、二階級制覇を達成した。

三、出会いと再会

２０１６（平成28）年12月。愛知県豊田市でのスパーリング大会の会場で、糸川は見知らぬ女性から声を掛けられた。その女性もスマートフォンで検索しながらの接触だった。

「糸川先生、ですよね？　私、麤林の娘です」

「ええー、そうなの！」

「叔母から先生のお話を聞きました。この会場のスケジュール表でボクシングの大会を見つけまして。もしかしたら先生もお見えになるかと…」

「そうやったの！いやー、面影があるな…」

予期せぬ出会いだった。

多北高定時制のＯＢ・ＯＧ会で田中恒成の世界奪取が話題になり、その延長で麤林久行の名前が出てきた。そしてそのＯＢの一人が麤林の実姉・菊地照美に伝えたことから、この2ヵ月前、糸川は照美と夫・真一と約40年ぶりの再会を果たしていた。

糸川は定年退職後、地元の中学校での講演会でこう話したことがある。

「人生は出会いから良い結果が生まれることが多い。そして感謝すること」

多くの人との出会い、多くの人との縁で支えられた半生。

多くの少年、少女が芽を出す姿を見届けてきた教師、糸川保二郎。

後期高齢者の仲間入りをした今日、再会と出会いの喜びを、あとどれくらい味わうことができるだろう。

平成 30 年度全国高校総体（インターハイ）ボクシング競技会場となった OKB ぎふ清流アリーナ（岐阜市）

あとがきに替えて

本作を作成するにあたり、当初は触れるつもりがなかった内容がある。それは糸川が教員の定年退職後に務めた日本ボクシング連盟（日連）の役員のことだ。糸川は２００４（平成16）年より「学識経験者」として日連の常務理事に名を連ね、２００８年の北京五輪では強化委員を務めた。しかし、日連の会長・川島五郎の死去を機に、糸川は不本意な形で連盟の役職を離れていた。

しかし、２０１８（平成30）年夏、世間に知られた日本ボクシング連盟の騒動に糸川が巻き込まれたことを触れずにはいられまい。

この年の6月、岐阜工業・細野光史から糸川に情報が回ってきた。４月に有志による『日本ボクシングを再興する会』が発足、日本ボクシング連盟が抱える諸問題を日本オリンピック委員会や関係機関に告発し、日連の会長・山根明の退会を要求するという。その『再興する会』の賛同者を募るＬＩＮＥグループが結成され、各都道府県の連盟を中心に広っていた。

ボクシング競技が国体で隔年開催に格下げされる等、この数年間、日連のガバナンスの欠如は深刻な問題となっており、糸川も現状を憂いていた。また『再興する会』の中心メンバーには旧知の高校ボクシング指導者が含まれている。支持したい気持ちはあるが、糸川ら岐阜県連盟は意思表示を躊躇せざるを得なかった。なぜなら、この8月のインターハイのボクシング競技は岐阜市で開催されるためだ。糸川が競技委員長を務めた多治見市での大会以来、岐阜県が18年ぶりに担当する開催に影響が及ぶのは避けねばならない。

また糸川はこの４ヵ月前の2月、急性心筋梗塞を発症、救急搬送され冠動脈カテーテル手術を受けており、体調も万全とは言い難かった。

そんな中、転機を迎えたのは6月29日、インターハイの準備を兼ねて岐阜市役所で開かれた全国高体連の会合だった。そこで高体連ボクシング競技専門部は『再興する会』を支持する意向を明らかにした。高体連と日連の間に意見対立があって諸々の問題を抱えており、翌年の春の全国選抜大会や夏のインターハイの手続きが滞って開催が危ぶまれているという。

高校生の大会を潰す訳にはいかない。静観の立場を採ってきた岐阜県連盟も高体連に追従する方針を固め、糸川もＬＩＮＥグループを通じて告発の賛同者に加わった。

7月27日、日連に関する告発状が提出されたのを受け、8月1日から始まる岐阜市のインターハイ会場は例年にない異常な事態となった。多くのマスコミが会場に押しかけて手当たり次第に関係者に取材を試みた。

開会式の前日、準備が進む会場で、糸川は『再興する会』の中心メンバーと顔を合わせ、マスコミ対応について話し合った。中心メンバーの多くは高校の指導者で付き合いも長い。彼らはインターハイの業務で多忙の身だ。そして依頼された。

「糸川先生が出て頂けると助かります」

告発者に名を連ねた３３３名の中でも全国高体連の要職を務めた糸川が、マスコミ対応の最前線に立つ適任者と言えた。

「先生、あの壇上にある革張りの椅子は何ですか？」

最初に地元紙の記者が尋ねてきた。岐阜県連盟がアウトレットで1万円で購入したもので、パイプ椅子が並ぶ中でひときわ目立つ。あえて隠さず、現状をありのままに見てもらおうと、糸川は記者に説明した。

「どこの会場でもね、開催を担当する県連が準備しているのよね、会長用に」

するとさすがに不味いと感じたのか、日連の役員がパイプ椅子に取り換えた。

しばらくして、地元紙がインターネット上に記事を公開すると、新聞各社やテレビ局が「革張りの椅子はどこにあるのか？」と問い合わせてきた。糸川は片付けた椅子を再び壇上に引っ張り出した。

また会場の外で、あるテレビ局の女性レポーターが糸川に声を掛けてきた。

「あれ、アンタ、テレビで観たことある顔やな」

「ありがとうございます。東京から来たんですよ」

女性レポーターの依頼を受け、日連の宿泊予定のホテルを案内した。そこで糸川は、日連会長の好みがまとめられた〝おもてなしリスト〟を紹介した。


これは一昨年に大会の開催を担当した県連が作成したリストで、便利だという理由から他の県連に共有されていた。

「強制されとる訳やなぁけど…でも用意してなぁと怒られるのよ。大の大人が人前で怒られてシュンとするのも嫌でしょ？」

この〝革張りの椅子〟と〝おもてなしリスト〟はテレビのワイドショーで大々的に報じられ、世間の注目を集めるのに絶大な効果があった。その影響から、マスコミの問い合わせが大会事務局に殺到した。

「糸川先生、お話しする内容はお任せします。ただ、一社だけではなく、各社、全ての方々にお話ししてもらえますか？」

大会事務局から話を振られた糸川は報道陣に取り囲まれた。その数はおよそ15名。複数のマイクを突き付けられ、また、メモを取りながら身を寄せる記者に、あの手この手で質問され続けた。

「会長が来ないの？入院した？僕らには連絡が来てないもんで…」

任されたとはいえ、全ての情報が糸川に伝えられている訳ではない。また「告発者３３３名の１人」と紹介されたものの、告発文の詳細まで把握していない。およそ１７０頁に及ぶ告発文は弁護士が編集に携わり、既に政府機関を巻き込んでいる。糸川は質問されても答えに窮することが度々だった。

特に「日連役員の責任と処遇」や「不正判定」に関する質問には困惑した。これらは世間の関心が高いのはわかるが、短絡的に結論を出せるものではない。日連の理事の中には現体制よりも古くから業務に携わる者も含まれており、彼らを退任させるだけでは連盟が機能不全に陥る懸念もある。

また、ボクシング競技に長年携わってきた糸川と、知識が浅い記者との間では〝判定〟に対する捉え方に温度差がある。

長時間に及んだ不慣れな対応の中、糸川が言った記憶のない、または意図しない言葉が繋ぎ合わされて記事が作成され、一部の関係者には誤解を生じた。ただ、インターハイは大きな混乱もなく、無事に全日程を終えることができた。

閉幕後、糸川が言った。

「出場した選手だけやなぁて、応援に来たり、運営を手伝ってくれた高校生たちに貴重な経験になってくれることが一番やでね」

糸川にとって、教員生活1年目から連続51回目のインターハイだった。

■糸川保二郎（いとかわ・やすじろう）略歴

1943 年 11 月　茨城県鹿島郡波崎町（現・神栖市）生まれ

1962 年 3 月　銚子水産高校 卒業

1964 年 4 月　中央大学文学部国史学科 入学、ボクシング部に入部

（1964 年 10 月　東京オリンピック開催）

1965 年　国体出場のため、岐阜県に住民票を移動

同　10 月　全日本選手権ライトウェルター級優勝、岐阜国体に出場

同　11 月　日ソ対抗戦に日本代表として出場

1968 年 3 月　中央大学 卒業

同　4 月　多治見北高定時制に体育教師として着任

同　10 月　福井国体に岐阜県代表として出場

1969 年 1 月　社会人選手権に出場、ボクサーとして最後の試合となる

1976 年 4 月　多治見北高校全日制に転勤

1980 年 4 月　多治見工業高校に転勤（定年退職まで勤務）

2000 年　全国高校選抜大会（3 月）とインターハイ（8 月）を多治見市で開催

2001 年 4 月　全国高体連ボクシング専門部委員長に就任

2004 年 3 月　岐阜県教員を定年退職、ボクシング専門部委員長を退任

2004 年 6 月　イトカワジム開設

2010 年　中央大学ボクシング部監督に就任（～2016 年まで）

2018 年　岐阜県より『スポーツ分野功労賞』の表彰を受ける

イトカワジムで（2019 年 4 月撮影）

【参考文献】
《新聞、雑誌》
中日新聞（旧　中部日本新聞　含む）、朝日新聞、岐阜新聞、中日スポーツ、日刊スポーツ、報知新聞、デイリースポーツ、東京スポーツ、サンケイスポーツ
雑誌『ボクシングマガジン』（ベースボールマガジン社）
雑誌『ボクシングマガジン　１９８２年12月号増刊号　〜リングの夢〜』（１９８２）
雑誌『プロレス&ボクシング』（ベースボールマガジン社）
雑誌『ワールドボクシング』
雑誌『ボクシングビート』
雑誌『陸上競技マガジン』
雑誌『Number』
米国新聞『New York Times』
ボクシング年鑑　昭和40年度（ベースボールマガジン社、１９６５）
日本ボクシング年鑑　１９７２年度〜２０１５年度（ベースボールマガジン社）

《Ｗｅｂサイト》
公益財団法人岐阜体育協会　スポーツ医科学レポート（第2回、２０１１）
日本ボクシング連盟
高校ボクシング連盟

《多治見市》
市民のしおり〜岐阜国体を迎えるに当たって〜　（第20回国民体育大会多治見市実行委員会、１９６５）
広報『たじみ』（２０００、２００７）
多治見工業高校八〇年史（１９７７）
多治見工業高校百年史（１９９７）
多治見北高校三〇年史（１９８８）
多治見北高校定時制　閉科記念史（２００６）
多治見市体育協会要覧（１９７２）
多治見市体育協会史（１９８２）
『挑戦する都市　多治見市』（多治見市、公人の友社、２００２）
多治見市制四〇年史（１９８１）

《岐阜県》
岐阜県の定通教育（第60号）（岐阜県高等学校教育研究会定通部会、２００９）
岐阜県教育史　通史編二（スポーツ）　（岐阜県教育委員会、２００５）
全国高等学校総合体育大会　報告書　平成12年度　岐阜総体（岐阜県、２００１）

《波崎町》
波崎町史（波崎町史刊行専門委員、１９９１）
波崎町の歴史　写真集（波崎町史編さん専門員、１９８０）

《ボクシング関連》
中央大学ボクシング部五〇年史（１９８２）
中央大学ボクシング部八〇年史（２０１２）
別冊ボクシングマガジン冬季号『１９４５〜１９８５ 激動のス

ポーツ40年史　ボクシング～廃墟から栄光のドラマ～』（郡司信夫／監修、ベースボールマガジン社、１９８５）
『ボクシング一〇〇年　～ミレニアム記念号～』（芹沢清一　他、日本スポーツ出版社、２０００）
『アンラッキー・ブルース』（山本茂、ベースボールマガジン社、１９８３）
全国高体連ボクシング専門部五十年誌（財団法人全国高等学校体育連盟ボクシング専門部五十周年誌記念事業実行委員会、２００５）
岐阜県体育協会50周年誌（財団法人岐阜県体育協会、１９９７）
岐阜県高校体育連盟　年報
＊各種大会パンフレット　他

《東京五輪》
『第一八回オリンピック東京大会　公式報告書』（日本体育協会、１９６５）
『東京オリンピック選手強化対策本部報告書』（日本体育協会、１９６５）
『東京オリンピック　文学者が見た世界の祭典』（講談社、１９６４）

《田中宗夫　論文》
『ボクシングの指導』（田中宗夫、不昧堂出版　１９７６）
雑誌『体育研究』（中央大学保健体育教科運営委員会）
『社会体育の一考察』　通号11、1977-01、P. 53～66
『ボクシング競技の一般的指導法』通号7、1973-03、P. 161～179
『フット・ワークについての一考察』通号12、1978-03、P. 73～83
『体育・スポーツにおける根性についての考察』通号9、1975-01、P. 83～99
『ボクシング(Boxing)競技における持久性と敏捷性』通号8、1974-03、P. 105～119
『スポーツ・トレーニングの考察』通号10、1976-01、P. 75～87
『ボクシングにおける障害とその対策および減量について』通号13、1979-01、P. 103～116

《医学関連》
『やさしいパーキンソン病の自己管理　改訂３版』（村田美穂編著、株式会社医薬ジャーナル社、２０１７）
医学雑誌『臨床スポーツ医学』
医学雑誌『The Journal of the American Medical Association』
慈恵医大誌 2009;124:201-12『１９７４年から２００６年における看護師・准看護師養成状況の地域差と経年的変化』
厚生労働省白書　１９６９年
文部科学省『学校における体育活動中の事故に関する報告書』２０１２年７月
医学雑誌『臨床スポーツ医学』
医学雑誌『The Journal of the American Medical Association』
慈恵医大誌 2009:124:201-12

鈴木昌樹（すずき・まさき）
1972年生。岐阜県多治見市出身。
フリーライター
著書『上げ底挑戦者』（第9回小学館ノンフィクション大賞最終候補作品）
『甲子園と平壌のエース　～東北高校・波山次郎と幻の北朝鮮野球』（本の森）

芽が出るところまで　～高体連ボクシング委員長と少年たちの物語～

2019年6月1日　初版発行
著　者　鈴木　昌樹
発行者　大内　悦男
発行所　本の森　〒984－0051　仙台市若林区新寺1丁目5－26－305
電話＆ファクス 022（293）1303
URL http://honnomori-sendai.cool.coocan.jp
E-mail forest1@rose.ocn.ne.jp

印　刷　共生福祉会　萩の郷福祉工場

ISBN978-4-904184-96-7